Roman

TING

Das Geheimnis der Germanen

am Friedensberg in Sellin auf Rügen

Dr. Ralf Marius Bittner
Wolfgang Stark
Doris Litz

Mit freundlicher Unterstützung der
Gemeinde Ostseebad Sellin

Neuauflage 2022
Ursprünglich erschienen bei Ancient Mail

Bergerstr. 14, 18581 Putbus
Tel.: 038301-259
Email: rambarts@rambarts.de
Webseite: www.rambarts.de

ISBN 978-3-98562-006-7

INHALTSVERZEICHNIS

Einleitung

Dieses Buch soll helfen, das Verständnis von Orten der Kraft in das Bewusstsein der Menschen zurück zu bringen. Wir stellen Ihnen deshalb einen bislang unbekannten Kraftort vor, der in seiner Wirksamkeit weltweit bekannten Plätzen wie Stonehenge, Chartres oder den Pyramiden gleichgestellt werden kann. Doch wie hat die Geschichte der „Wiederentdeckung" begonnen?

Es war im Jahr 2006. Der Bürgermeister des Ostseebads Sellin erinnerte sich an ein Gespräch, das er kurz vor dessen Tod mit dem berühmten Fotografen Hans Knospe führte. Knospe sprach darin voller Begeisterung über eine bislang kaum beachtete Erhebung mitten in der Stadt, der er aufgrund vielfältiger Erlebnisse und Erfahrungen eine besondere Energie beimaß. Dieses Gespräch löste dann kurze Zeit später einen Auftrag der Gemeinde Sellin zum Vermessen dieses Waldstückes aus, und zwar mit Hilfe geomantischer Methoden.

Tatsächlich wissen wir heute, dass sich, unauffällig im Wald versteckt, mitten im Zentrum des Ostseebades und in unmittelbarer Nachbarschaft zur Kurverwaltung ein heiliger Berg befindet. Schon oft hatten wir uns in unmittelbarer Nähe getroffen, ohne dass uns etwas Besonderes aufgefallen ist. Ja, wir haben den Ort nicht einmal gesehen. Ganz offenbar hat sich diese Heilige Stätte auf wundersame Weise vor der Außenwelt verschlossen. Bis dahin schien es so, dass nur ganz bestimmte Menschen zu ihr hingeführt werden. Und nun gehören wir auch zu diesen „Auserwählten". Allerdings fassen wir es als unseren Auftrag auf, auch andere auf diesen Ort und seine Magie aufmerksam zu machen.

Denn auf diesem besonderen Berg taucht man in eine metaphysische Wirklichkeit ein, die weit über die physischen beziehungsweise physikalischen Erscheinungen hinausgeht. In der Frühzeit der menschlichen Kultur wurden solche Plätze durch Steinformationen gekennzeichnet, über die später andere Völker und Kulturen ihre Heiligtümer errichteten. In Sellin ist das glücklicherweise nicht geschehen, so dass sich dem sensiblen und aufgeschlossenen Besucher heute ein völlig unverfälschter Kraftort präsentiert, der so wahrgenommen und empfunden werden kann, wie die Natur ihn geschaffen hat.

Die besondere Energie des Selliner Heiligtums lässt sich aber nicht nur von sensitiven Menschen erspüren. Man kann sie auch messen. Mittels der Radiästhesie können so terrestrische und planetarische Einflüsse nachgewiesen werden. Plätze, die wir als Kraftorte erkennen, haben außer einem hoch wirksamen geologischen Untergrund aber auch ein Hologramm, das erst durch bestimmte Handlungen und Rituale seine ganze Wirksamkeit entfaltet.

Eine Art Urverlangen lässt – eine gewisse „Feinfühligkeit“ vorausgesetzt – auch den modernen, wissenschaftlich orientierten Menschen nach übernatürlichen Erfahrungen suchen. Die besonderen „Schwingungen“ eines Kraftortes, sein so genanntes „kosmisches Geistfeld“, helfen dem Besucher einer solchen Stätte, ins Körper-Geist-Seele-Gleichgewicht zurückzufinden. Man schwingt sich sozusagen auf den Ort und damit auf sich selbst ein.

Der Heilige Berg in Sellin hat viele „Stationen“, an denen die Kraft in unterschiedlicher Qualität und Intensität fließt, und damit auch unterschiedliche Auswirkungen auf die

Menschen hat, die sich auf ihm aufhalten. Ein erfahrener Geomant, wie wir ihn in Wolfgang Stark gefunden haben, ist in der Lage diese Phänomene mit geeigneten Messwerkzeugen physikalisch zu erfassen. Diese physikalische Herangehensweise ersetzt zwar nicht die emotionale und intuitive Erfahrung, ist aber hilfreich beim Auffinden bestimmter Punkte, an denen sich besondere terrestrisch-energetische Phänomene mit dem Kosmos verbinden. Das enorme Wissen Starks und seinen großen Erfahrungen im Umgang mit dem Hologramm von Orten gaben diesem Roman die wichtige mystische Grundlage.

Durch die enge Zusammenarbeit mit dem Geo- und Metaphysiker Dr. Ralf Marius Bittner ist es gelungen, ein in die heutige Zeit hineinragendes Verständnis dieses Ortes zu erarbeiten und damit einen praktischen Nutzen für jeden Besucher zu ermöglichen. Seit 2007 hat er mit der weltweit einzigartigen „Geführten Selbstdiagnose mit Hilfe eines Kraftortes" vielen Menschen zu einer tiefen Seelenerfahrung verholfen. Einzelheiten erfahren Sie auf unserer Webseite: www.rambarts.de.

Damit dieses Buch nicht zu „abgehoben" und wissenschaftlich daherkommt, hat uns der „Wind des Nordens" die Journalistin Doris Litz geschickt. Sie ist für die textliche Auslegung und die „weibliche Note" dieser Geschichte verantwortlich.

Wir möchten es an dieser Stelle nicht versäumen, dem Bürgermeister der Gemeinde Sellin, Reinhard Liedtke, und seinem Mitarbeiterstab für das Verständnis und die Unterstützung bei dieser nicht alltäglichen Forschungsarbeit zu danken.

Mit diesem Buch versuchen wir, unsere Erfahrungen und Erlebnisse über die Wirklichkeit dieses Ortes zu vermitteln. Alle Erklärungen und alle wissenschaftlichen Beweisführungen ersetzen allerdings nicht den eigenen Weg. Wenn man etwas erreichen oder erfahren will, muss man den Weg selbst gehen. Im Nachwort erfahren Sie noch ein paar nützliche Hinweise.

Nach über 25 Jahren Praxiserfahrung im Umgang mit diesem Kraftort und mit weit über hundert Teilnehmern während vieler ganz persönlicher Führungen durch Dr. Bittner, unserem Kraftort-Ranger, erscheint nun diese Neuauflage mit geändertem Titel und Cover, weil das Buch das Geheimnis des Germanischen TING offenbart, welches so noch nie beschrieben worden ist.

Lassen Sie sich nun durch die Handlung dieses Romans zur Wahrhaftigkeit des Berges führen. Die folgende Geschichte versetzt uns in die römische Eisenzeit zurück; auf eine Ostsee-Insel im Norden Deutschlands.

Dr. Ralf Marius Bittner

Wolfgang Stark

Doris Litz

im Januar 2014, im Dezember 2020

I.

Hrafnagaldr Odins
(Odins Rabenzauber)

Allvater waltet
Alfen verstehn
Wanen wissen
Nornen weisen
Iwidie nährt
Menschen dulden
Thursen erwarten
Walküren trachten
(Edda)

Raunächte

Es ist die zweite Nacht nach dem Yulfest. Draußen ist es bitterkalt und eine dünne Schneedecke hat sich über die sanften Hügel rund um die Blockhütte gelegt. Aber im Innern des stabilen Hauses ist es angenehm warm. Godelief blickt von ihrer Webarbeit auf, als sich die Tür öffnet und ihr Sohn Anselm einen Hauch von Schnee und Kälte mit nach drinnen bringt. Obwohl es schon lange dunkel ist, war Anselm noch einmal im äußeren Stall bei der Kuh. Godelief macht sich Sorgen um das Tier; den ganzen Tag ist es nicht aufgestanden und es hat heute auch nicht so viel Milch gegeben wie sonst. Die Breiportionen der Familie fielen deshalb entsprechend klein aus. Wenn sie die Kuh wenigstens in dem Verschlag im Haus unterbringen könnten, in dem sie die kalten Nächte normalerweise gemeinsam mit den Ziegen, Hühnern und dem Pony verbringt und der viel wärmer ist als der äußere Anbau. Doch am Morgen hat sich das Tier unbemerkt in den Unterstand neben dem Vorratspeicher zurückgezogen und nun ist es zu schwach für einen weiteren Umzug.

Ragin sieht den Kummer in den Augen seiner Frau und nimmt sie sanft in den Arm. „Mach dir keine Sorgen, Mutter. Anselm und ich gehen gleich morgen los und suchen nach Kräutern. Der Schnee ist nicht sehr hoch, manche Stellen sind sogar ganz frei. Da sollte es uns nicht schwerfallen, das Richtige zu finden. Nicht wahr, Junge?“ Er blickt zu Anselm hinüber, der zur Feuerstelle gegangen ist und Holz nachlegt. Godelief beobachtet ihren Sohn voller Stolz, aber auch mit einem Anflug von Wehmut, als er sich zu seinen Eltern umdreht, nickt und sie mit ernstem Blick anlächelt.

Mittlerweile überragt Anselm seine Mutter um Haupteslänge; bald wird er so groß sein wie sein Vater. Seine Kindheit ist endgültig vorbei, schießt es Godelief durch den Kopf. Irgendwann in diesem Sommer ist Anselm erwachsen geworden. Bald wird er sich eine Frau suchen und seine eigene Familie gründen. Sie lächelt ihren Sohn zärtlich an. Am liebsten würde sie zu ihm hinüber gehen und ihm über das lange, goldblonde Haar streichen, das sein Gesicht wie ein Schleier umrahmt. Doch sie weiß, dass er solche Gesten überhaupt nicht mehr schätzt. Mit seinen kräftigen Schultern und den klaren blauen Augen wird er den Mädchen den Kopf verdrehen, denkt sie amüsiert. Denn dieser Gedanke bereitet ihr keine Sorge. Mit seinen 17 Jahren ist Anselm ein ernsthafter junger Mann, der sich immer, wenn es die Arbeit erlaubt, zum See oder auf den Hügel zurückzieht, um seinen Gedanken nachzuhängen. Er würde niemals etwas tun, das er nicht verantworten kann oder das gar Schande über seine Familie bringen würde.

In seiner Besonnenheit ähnelt Anselm seiner älteren Schwester. Alwina ist 19 und ihrem Bruder nicht nur im Wesen ähnlich. Ihr Haar ist noch etwas goldener, ihre Augen sind von dunklerem Blau und erinnern an einen tiefen, unergründlichen See. Ihre Gestalt ist schmal, aber kräftig, und ihre Figur hat schon längst das Kantige der Jugendjahre gegen eine runde Weiblichkeit getauscht. Godelief wirft einen Blick zu ihrer Ältesten hinüber, die ihr gegenüber am zweiten Webstuhl sitzt und in ihre Arbeit versunken ist. Wahrscheinlich denkt sie gerade an Wiborg, vermutet Godelief und lächelt nun breiter in sich hinein. Alwina glaubt tatsächlich, dass niemand etwas von ihrer Liebe weiß; dabei ist die Veränderung selbst für Menschen offenkundig, die Alwina weniger gut kennen als ihre Familie. Im Sommer hat sie Wiborg häufig getroffen und nach jeder Begegnung mit ihm so viel gute Laune versprüht, dass Godelief ihre ernste und besonnene Tochter manches Mal kaum wieder erkannt hat. Alle freuen sich mit Alwina und Wiborg über ihr Glück; schließlich sind beide Familien schon seit ewigen Zeiten miteinander befreundet. Doch weil bisher keiner von beiden das Geheimnis gelüftet hat, bewahren auch die anderen Stillschweigen und tun so, als hätten sie nichts bemerkt. Sobald Alwina sich wegdreht, werfen Eltern und Geschwister sich freilich vielsagende Blicke zu, und vor allem Lynn kann sich manchmal nicht zurückhalten und muss ihre große Schwester einfach necken.

Aber wann wäre Lynn mal nicht zu einem Scherz aufgelegt. Godelief und Ragins jüngste Tochter ist nun 14 Jahre alt und lässt nichts von der grüblerischen Stille und Zurückgezogenheit spüren, die ihre Geschwister in diesem Alter entwickelt haben. Im Gegenteil: Wie ein Wirbelwind fegt sie von morgens bis abends durch die Familie; und wenn sie dabei nicht so überaus liebenswert wäre, würde es den anderen mit ihren Späßen sicher manches Mal zu viel werden. Godelief mag gar nicht daran denken, was geschieht, wenn Lynn in das Alter kommt, in dem sie die Aufmerksamkeit der jungen Männer erregt. Mit ihren wilden dunklen Locken und den lebendigen blauen Augen wird sie vermutlich einen ganzen Schwarm von Verehrern anlocken. Äußerlich kommt sie auf ihren Vater, denkt Godelief amüsiert. Und die gute Laune hat sie auch von ihm. Doch Ragin ist zum Glück wesentlich besonnener. Aber auch wenn Lynn ohne Zweifel das anstrengendste ihrer Kinder ist, weiß Godelief ganz genau, dass das Leben der anderen ohne sie nur halb so schön wäre. Lynn bringt die unbeschwerte Freude in den Alltag der ansonsten ruhigen Familie. Dennoch ist Godelief froh, dass Sonnwinni, ihr Jüngster, offenbar eher seinen beiden älteren Geschwistern ähnelt. Sonnwinni ist erst sechs Monate alt und ein ruhiges und ausgeglichenes Kind, das sich besonders freut, wenn seine Geschwister mit ihm spielen. Auch jetzt genießt er es brabbelnd, dass Lynn ihm Lieder vorsingt und sein Körbchen im Rhythmus der Melodie schaukelt. Godelief muss an die drei anderen Kinder denken, die sie geboren hat und die nicht lange auf dieser Welt verweilten. Für einen Augenblick verdüstert sich ihr Gesicht. Sie erinnert sich an den Schmerz, der sie traf, als sie sich von ihnen trennen musste. Aber die trüben Gedanken verschwinden schnell wieder. Godelief hat gelernt, das Schicksal anzunehmen. Sie weiß, dass die Natur ihren eigenen Gesetzmäßigkeiten folgt und dass es keinen Sinn hat, sich gegen den Ratschluss der Götter aufzulehnen.

„Kommt, wir wollen noch etwas zusammensitzen, bevor wir uns schlafen legen", sagt Ragin plötzlich in die Stille hinein. An den langen Winterabenden, an denen die Dunkelheit so tief ist, dass selbst die Arbeiten im Haus früh eingestellt werden müssen, sitzt die Familie am Feuer beisammen und tauscht sich über die Ereignisse und die Gedanken des Tages aus. Häufig denken sie dann auch an Ulof, Ragins Vater, von dem sie den einsamen, aber großzügigen Hof übernommen haben. Ulof ist vor mehr als zwei Jahren zu einer Reise aufgebrochen, von der er nicht zurückkehrte. Lange hoffte die Familie, dass er heimkehren würde oder dass sie wenigstens Nachricht über sein Schicksal bekämen. Doch kein Reisender, der in all der Zeit an ihre Tür klopfte, wusste irgendetwas über Ulof zu berichten. Ulof war Jäger und Fallensteller, aber er war auch ein Heiler und Ratgeber für einen Teil der Siedlungen auf der Insel. Alles, was er über die Heilkunst wusste, hat Ulof an seinen Sohn weitergegeben und so wird Ragin von den Menschen in der Gegend ganz selbstverständlich als Ulofs Nachfolger anerkannt. Seine Aufgabe bringt es mit sich, dass Ragin oft tagelang von zu Hause fort ist. In den langen Nächten aber bleibt der Vater bei seiner Familie. Den Winter fürchten sie nicht. Den Vorratsspeicher neben dem Haupthaus haben sie im Sommer so üppig gefüllt, dass sie nun keinen Hunger leiden müssen. Alwina und Lynn füllen außerdem jeden Tag die Holzvorräte an den Wänden neben der Tür auf; so ist nicht nur genügend Brennholz in der Nähe, sondern die zusätzliche „Wand" und das tief gezogene Dach halten auch die Kälte besser fern. Wenn das noch nicht ausreicht, verstopfen Ragin und Anselm auch noch die Lichtschächte im Dach mit zusätzlichem Stroh, um Frost und Nässe abzuhalten. Trotzdem lastet in diesen Tagen etwas auf den Gemütern der Familie. Von Kindesbeinen an haben sie gelernt, dass dem Yulfest die zwölf Raunächte folgen, die auch Aaskereia genannt werden. In diesen Nächten wüten die Geister durch die Dunkelheit – es ist das Totenheer auf seinem Weg nach Asgard. Nachts hört man ihre Jagdrufe und das wilde Gebell ihrer Hunde. Dann toben sie um die Häuser, rütteln an Wänden und Türen. Auch wenn die Menschen keine wirkliche Angst vor der anderen Welt und ihren Geschöpfen haben, flößen die wilden Raunächte ihnen doch gewaltigen Respekt ein.

„Sind es wirklich die Toten, die draußen herumtoben und uns Böses wollen?", fragt Anselm seinen Vater nachdenklich, als sich alle niedergesetzt haben. Ragin richtet seinen ruhigen Blick auf den Sohn und antwortet ihm voller Ernst. „In den Raunächten ist eine wilde Jagd im Gange. Alles, was existiert, löst sich auf und wird neu geordnet. Die Kräfte der Erde bereiten sich auf ein neues Leben vor. Erinnerst Du Dich, dass wir vor zwei Tagen den Schatten am Stab vor unserem Haus gemessen haben? Es war der längste Schatten des Jahres; von jetzt an werden die Tage wieder länger. Bald ist der Winter vorbei. Aber die Zeit des Übergangs ist voller Geheimnisse. Erinnere Dich an die Raunächte vergangener Winter: Manchmal waren sie Furcht erregend, doch die meisten waren ruhig und friedlich. Doch es ist in jedem Fall besser, wenn wir das Haus in dieser Zeit nach dem Dunkelwerden nicht verlassen." Tatsächlich fallen Anselm stürmische Nächte ein, in denen die Familie dicht ums Feuer saß und Mutter ihre Kinder beinahe ängstlich an sich drückte, während Vater einen Runenstein hervorholte und Godwin, sein verziertes Messer, darauf platzierte. Anselm weiß, dass Godwin „Freund der Götter" bedeutet und dass Ragin dieses Messer nur zu ganz besonderen Anlässen benutzt – was die Situation noch unwirklicher erscheinen ließ. Doch nun ist es draußen still und friedlich. Vielleicht liegt das ja an den Misteln und Tannenzweigen, die Alwina und Ragin vor dem Yulfest gesammelt und im ganzen Haus verteilt haben. Besonders die Türen zum Wohnraum und zum Stall haben sie mit den immergrünen Zweigen geschmückt. Draußen hat Vater außerdem ein Hirschgeweih und eine Runentafel angebracht. Alwina ist bei diesem Ritual dicht bei Ragin geblieben, hat fortwährend vor sich hingemurmelt und mit den Pflanzen gesprochen. Auch wenn Anselm nicht ganz genau versteht, was sein Vater und seine Schwester getan haben, fühlt er sich in dieser geheimnisvollen Zeit durch solche Vorkehrungen doch sehr viel sicherer. Die Familie bleibt noch eine Weile beim Schein des Feuers zusammen; nur Lynn und Sonnwinni liegen schon in tiefem Schlummer auf ihren Schlafplätzen. Dann ziehen sich auch die anderen zurück.

Abb. 1: Das Messer

Als Anselm am nächsten Morgen aus seinen Träumen erwacht, ist es bereits hell. Er hat das Gefühl, dass er im Schlaf eine wichtige Entdeckung gemacht hat; aber sobald er die Augen aufschlägt und seine Umgebung wahrnimmt, entgleiten ihm die Bilder der Nacht. Anselm versucht gar nicht erst, das flüchtige Nachtbild festzuhalten; aus Erfahrung weiß er zu genau, dass es umso nachhaltiger entschwindet, je stärker er es zu halten sucht. Wenn es so sein soll, wird er sich zu einem späteren Zeitpunkt wieder an seinen Traum erinnern. In der Hütte duftet es nach dem Brei aus Getreide, Eichelmehl und Kräutern, den Godelief in einem kleinen Topf über dem Feuer für ihre Familie zubereitet. Gerade hat sie ihre Kelle fortgelegt, als die Tür auffliegt und Lynn lachend ins Haus poltert: „Mutter, die Kuh ist wieder gesund. Vater hat ihr einen Trank gegeben und jetzt steht sie schon wieder auf ihren Beinen." Vor Freude stürzt Lynn ihrer Mutter in die Arme und beide wirbeln im Raum herum. „Wie wundervoll", jubelt Godelief und lässt sich von der guten Laune ihrer Tochter anstecken. „Dann gibt es heute endlich wieder eine große Portion Milch!" Anselm beobachtet die beiden ein wenig abwesend. Er kann immer noch nicht fassen, dass er so lange geschlafen hat. Vater ist schon vom Kräutersammeln zurück und hat die Kuh bereits geheilt! Tatsächlich steht Ragin plötzlich mit einem randvollen Krug Milch in der Tür, den er stolz an seine Frau weiterreicht. Anselm schaut ihn etwas verlegen an. „Es tut mir leid, Vater, dass Du alleine auf den Berg gehen musstest. Ich hatte einen Traum, der mich in tiefem Schlaf festgehalten hat. Aber ich kann mich kaum an die Bilder erinnern…" Ragin lacht seinen Sohn gut gelaunt an. „Schon gut, Junge. Diese Raunächte haben es in sich. Ein Traum, an den Du Dich nicht erinnern kannst, kann nicht so schlimm gewesen sein, dass wir uns Gedanken machen müssen. Es war eine ruhige Nacht und der Tag ist schön. Wir sollten zum See gehen und einen Fisch fangen, was meinst Du dazu?"

Nach dem gemeinsamen Essen machen sich Vater und Sohn auf den Weg zum See, wo sie ihre Reusen kontrollieren und das Netz auswerfen wollen. Auch die anderen haben ihre Aufgaben zu erfüllen. Alwina versorgt das Vieh, Lynn holt Feuerholz ins Haus. Nur Sonnwinni lässt sich von seiner Mutter in einer Decke schaukeln und genießt das warme Feuer.

Am Mittag zeigt sich die Sonne an einem strahlend blauen Himmel und lässt den Schnee auf den Hügeln rund ums Haus glitzern. Nachdem sie ihre Hausarbeit beendet hat, packt Godelief Sonnwinni warm ein und geht mit ihm nach draußen, um dort nach dem Rechten zu sehen. Alwina ist zum Kräutersammeln aufgebrochen und Lynn leistet der genesenen Kuh Gesellschaft. Hoffentlich wird das arme Tier von so viel Trubel nicht wieder krank, denkt Godelief schmunzelnd. Gerade hat sie die Gestalt eines einsamen

Wanderers in der Ferne entdeckt, da kommt auch schon Lynn angelaufen. Auch sie hat den Mann gesehen, der sich dem Anwesen nähert. Im Gegensatz zu Godelief hat sie den Wanderer jedoch sogleich erkannt. „Sieh nur, Mutter. Da kommt Helmbot, Dein Bruder!“ Bevor Godelief etwas sagen kann, ist Lynn bereits an ihr vorbei gestürzt und rennt in wildem Tempo auf den Besucher zu. Es dauert noch eine ganze Weile, bis auch Godelief die Gestalt eindeutig als ihren Bruder erkennt. Mein Gott, denkt sie kopfschüttelnd, meine Augen lassen nach. Meine Jugend ist wohl endgültig dahin. Welch ein Glück, dass die Götter den Menschen als Ersatz die Weisheit schicken. Lächelnd geht sie in die Hütte, um den Wasserkessel mit getrockneten Blüten, Beeren und Kräutern übers Feuer zu hängen. Wenn Helmbot den Hof erreicht hat, wird er sich nach dem kalten Wintermarsch über einen wärmenden Trunk freuen. Schließlich ist es ein weiter Weg von der Siedlung bis zu ihrem Zuhause, und Helmbot muss bereits früh am Morgen aufgebrochen sein.

Es dauert nicht lange, bis die Tür auffliegt. Natürlich kommt zuerst Lynn herein gewirbelt, bevor Helmbot mit kräftigen Schritten in den Raum poltert. Godelief lächelt den mächtigen Mann an, der sie mit seinem offenen Lachen anstrahlt und mit ausgestreckten Armen auf sie zukommt. „Schwester, wie geht es dir? Ich bin froh, dich bei so guter Gesundheit zu sehen. Lass Dich anschauen – nun, dein Mann scheint dich gut zu behandeln.“ Godelief schüttelt lachend den Kopf und lässt sich von Helmbot durch die Luft wirbeln. Keine Frage: Ihr Temperament muss Lynn von ihrem Onkel geerbt haben. Hoffentlich wird sie nicht auch so groß, denkt Godelief kurz, denn Helmbot überragt sogar Ragin deutlich. „Lass mich runter, du Riese. Nun bist du so groß geworden und hast noch immer nichts als Flausen im Kopf. Hier, nimm den heißen Kräutertrunk, damit dir nach dem langen Marsch wieder warm wird." Lachend setzt Helmbot seine Schwester ab und zwinkert der amüsierten Lynn zu. „Godelief, Godelief. Für dich werde ich wohl immer dein kleiner Bruder bleiben, was? Auch wenn ich mittlerweile fast doppelt so groß bin wie du, eine Frau und vier Kinder versorge und die Leute im Dorf viel auf mein Wort geben." „Das liegt wohl daran, dass du dich bei mir immer noch wie ein kleiner Junge benimmst", kontert Godelief, aber auch sie kann das Lachen nun nicht mehr unterdrücken. „Nun setz′ dich schon hin und trink′, während ich dir eine Suppe warm mache." Diesmal folgt Helmbot der Anweisung und schaut seiner Schwester zu, die sich wieder an der Feuerstelle zu schaffen macht. „Wo sind denn deine Männer?", will er wissen. Diesmal kommt Lynn ihrer Mutter zuvor. „Vater und Anselm sind zum See gegangen. Fische fangen. Aber dafür, dass sie so lange weg sind, bringen sie manchmal ziemlich wenig mit nach Hause. Ich glaube, sie machen da unten noch irgendetwas anderes. Helmbot schaut von Lynn zu Godelief hinüber und kann ein Grinsen nicht unterdrücken. „Glaubst du das auch, Schwester?", fragt er mit gespielter Empörung. Godelief schaut von ihrem Topf auf und schüttelt lächelnd den Kopf. „Lynn kann es einfach nicht ertragen, wenn sie von etwas ausgeschlossen ist. Aber es gibt nun einmal Dinge, die muss ein junger Mann alleine mit seinem Vater besprechen. Wenn es soweit ist, werden auch wir beide Geheimnisse haben, die die Männer nichts angehen", sagt sie an ihre Tochter gewandt.

„Und wann wird es soweit sein?", will Lynn wissen. „Nun", sagt Godelief in gespielter Verzweiflung, „ich will hoffen, dass dies noch eine ganze Weile dauert. Aber nun wollen wir erst einmal von Helmbot hören, wie es in der Siedlung läuft. Wie geht es Wibke und den Kindern?“ Die Frauen schauen ihren Besucher erwartungsvoll an. Schließlich haben sie sich seit dem Herbst nicht gesehen und auch sonst keine Nachricht aus dem Dorf erhalten. Helmbot hat Sonnwinni aus seinem Körbchen geholt und schaukelt ihn nun auf seinen Knien. „Was für ein prächtiger Bursche“, freut er sich über den Neffen und zaubert seiner Schwester damit wieder ein Lächeln aufs Gesicht. „Nun, Wibke und den Kindern geht es sehr gut. Bislang haben wir den Winter ohne Krankheit überstanden. Anders steht es um Hadamar, unser Oberhaupt. Deshalb bin ich auch hier. Er ist beim vorletzten Vollmond gestürzt und hat sich schwer am Kopf verletzt. Zuerst sah es gar nicht so schlimm aus; doch nun hat sich sein Zustand sehr verschlechtert. Vor fünf Tagen hat er sich auf sein Lager gebettet und konnte seitdem nicht mehr aufstehen. Er hat wilde Träume und fürchtet, dass die Toten ihn jetzt während der Raunächte holen. Seine Tochter Erja weicht keinen Moment von seiner Seite und auch wir machen uns große Sorgen um ihn. Ich bin gekommen, um Ragin zu holen. Er soll einen starken Zauber vor Hadamars Haus setzen. Und von dir soll ich Salben und Kräuter mitbringen.“ Godelief schaut ihren Bruder eine Weile nachdenklich an. „Alwina sucht draußen nach Kräutern und Wurzeln. Du weißt ja, dass sie mit den Alben spricht; genau wie Ingrun, unsere Mutter. Das Ganze ist mir manchmal beinahe schon ein wenig unheimlich. Aber ich bin auch froh darüber, denn die Kräuter, die die Alben ihr geben, haben eine sehr starke Heilkraft.“

Sie schaut zu Lynn hinüber, die ganz still geworden ist und dem Gespräch der Erwachsenen mit großen Augen lauscht. „Lauf los und such deine Schwester. Erklär′ ihr, was mit Hadamar geschehen ist, dann wird sie wissen, welche Kräuter sie braucht. Wenn sie alles Notwendige gefunden hat, soll sie so schnell wie möglich nach Hause kommen. Kannst du dir das alles merken." „Aber Mama, ich bin doch kein kleines Kind mehr", erwidert Lynn empört. Dann springt sie leichtfüßig aus der Hütte und rennt den Hügel hinauf, um ihre Schwester zu suchen und ihr die Neuigkeiten mitzuteilen. Als die Tür hinter Lynn zufällt, wendet Godelief sich wieder an ihren Bruder. „Mehr Sorge als die Verletzung macht mir Hadamars Angst vor den Geistern. Bisher haben sie uns in Ruhe gelassen. Aber die Angst der Menschen zieht sie an und verleiht ihnen Macht. Hadamar braucht so schnell wie möglich einen Schutzzauber. Aber ich fürchte, Ragin und Anselm werden nicht vor Einbruch der Dunkelheit zurück sein, so dass sie erst am Morgen zur Siedlung aufbrechen können."

Helmbot schaut seine Schwester an. Auch er ist ernst geworden. „Du hast Recht. Wir können seine Wunde versorgen, aber ohne Ragin können wir nichts gegen Helmbots Angst vor den Geistern ausrichten. Was schlägst Du also vor?" „Am besten geht Alwina mit dir in die Siedlung. Sie kann Hadamars Wunde versorgen. Außerdem gebe ich euch Misteln mit. Die kann sie auf seinem Köper verteilen. Das wird ihn in der nächsten Nacht schützen und ihm Ruhe verschaffen. Die Mistel besitzt eine große Kraft, über die sich nicht einmal die Götter hinwegsetzen können. Ihr solltet ihn aber auf keinen Fall alleine lassen. Alwina, Wibke und Erja können sich mit der Wache abwechseln. Morgen kann Ragin

Hadamars Haus dann mit einem stärkeren Zauber schützen.“

Helmbot ist sehr froh über Godeliefs Vorschlag; und als die beiden Mädchen kurze Zeit später von der Kräutersuche zurückkehren, ist auch Alwina von der Aussicht begeistert, ihren Onkel in die Siedlung begleiten zu dürfen. Schließlich kann sie bei dieser Gelegenheit Wiborg treffen, schmunzelt Godelief in sich hinein. Aber sie weiß auch, dass Hadamar bei ihrer Tochter in besten Händen ist. Außerdem werden Helmbot und seine Familie sich gut um Alwina kümmern. Den ersten Teil des Nachmittags verbringen die Familie und ihr Gast in ausgelassener Stimmung, indem sie die neusten Nachrichten austauschen. Dann wird es für Helmbot und Alwina Zeit aufzubrechen. Schließlich ist der Weg lang und sie wollen in jedem Fall vor Einbruch der Dunkelheit bei Hadamar sein. Godelief und Lynn bleiben vor der Tür ihrer Hütte stehen, bis die beiden hinter dem Hügel verschwunden sind.

Mit der ersten Dämmerung kehren Ragin und Anselm nach Hause zurück. Fische haben sie zwar nicht erbeutet, dafür aber zwei Hasen. „Wie kann man denn Hasen fangen, wenn man ein Netz zum Fischen auswirft“, fragt Lynn lachend und schaut ihre Mutter viel sagend an. Doch die schüttelt nur schmunzelnd den Kopf. Aufgeregt erzählt Lynn den beiden Männern wenig später von Helmbots Besuch. Gespannt hören sie von Hadamars Unglück und den anderen Neuigkeiten aus der Siedlung. Erst viel später, als ihre Kinder sich bereits auf ihr Lager zurückgezogen haben, greift Ragin das Thema wieder auf. „Es war gut, dass du Helmbot die Misteln gegeben und Alwina mitgeschickt hast. Sie ist noch jung, aber schon eine geschickte Heilerin. Sie wird Hadamar und Erja eine große Hilfe sein. Ich habe mich heute sehr genau draußen umgesehen und glaube, dass es auch in dieser Nacht ruhig bleiben wird. Aber morgen früh, gleich nach Sonnenaufgang, brechen Anselm und ich zur Siedlung auf. Die Geister sind unberechenbar, und auf eine ruhige kann durchaus eine stürmische Nacht folgen, in der sie mit Macht in die Welt der Lebenden drängen." Besorgt schaut Godelief Ragin an, aber der lächelt ihr aufmunternd zu und nimmt sie in den Arm. „Hab´ keine Angst. Wir werden uns beeilen und morgen Abend hast du mich und alle deine Kinder wieder um dich. Uns können die bösen Geister ohnehin nichts anhaben. Dafür sind wir viel zu glücklich miteinander." Bei diesen Worten muss auch Godelief lächeln, aber so ganz ist die Sorge noch nicht aus ihrem Blick verschwunden. „Denkst du auch manchmal daran, dass Ulofs Seele womöglich keine Ruhe finden kann und unser Haus heimsucht? Und wenn er es tut: Ist er uns dann noch wohl gesonnen? Ist er noch immer der, der uns vor allem Bösen beschützt?" Ragin schaut zu seiner Frau hinab und hält sie noch ein wenig fester. „Mach dir keine Sorgen wegen Ulof. Er ist ein großer Heiler und ein weiser Mann. Ich glaube nicht einmal, dass er tot ist. Aber selbst wenn, muss seine Familie niemals Angst vor ihm haben." Godelief schaut ihren Mann forschend an und erkennt den Ernst und die tiefe Zuversicht, mit der er seine Worte ausspricht; und da ist auch sie ein wenig beruhigter.

Die Siedlung

Wie Ragin vorausgesagt hat, bleibt die Nacht ruhig. Bereits vor Sonnenaufgang sitzt die Familie am Feuer und verzehrt ihr Morgenmahl. Lynn ist so aufgeregt als ginge sie selbst auf große Reise. Aber immerhin wird sie den ganzen Tag mit Mutter und Sonnwinni alleine sein; und sie will allen zeigen, dass sie schon fast erwachsen ist und Verantwortung übernehmen kann. Mit Feuereifer rennt sie deshalb nach dem Essen in den Stall, um die Tiere zu versorgen. Ragin hat seinen Beutel bereits fertig gepackt, Anselm holt seinen Stab. Mit den ersten zarten Sonnenstrahlen treten sie vors Haus und verabschieden sich von Godelief und dem kleinen Sonnwinni, der strahlend auf dem Arm seiner Mutter hockt. „Mach dir keine Sorgen", wiederholt Ragin noch einmal. „Wir sind zurück, bevor es dunkel wird." Erst als sie schon ein Stück des Weges hinter sich gebracht haben, weist er in der Morgendämmerung auf die dunklen grauen Wolken am Horizont, die fast die Erde zu berühren scheinen. „Die Sonne wird uns nicht lange erhalten bleiben. Es gibt Schnee. Wir müssen uns beeilen, damit wir nicht im Sturm nach Hause zurückkehren müssen."

Schweigend stapfen Vater und Sohn über den verschneiten Hügel, durchqueren eine Senke und kommen schließlich in einen dichten Wald, in dem der Schnee kaum den Weg bis auf den Boden gefunden hat. Lange vor Mittag nähern sie sich dem Waldrand und erblicken die kleine Siedlung, in der Helmbot, Hadamar und drei andere Familien zu Hause sind. Das Dorf besteht im Grunde nur aus ein paar in Sichtweite zueinander liegenden Gehöften. Etwa in deren Mitte haben die Bewohner den Bach gestaut, der die Ansammlung von Gebäuden durchfließt. So ist ein hübscher kleiner Teich entstanden. Godeliefs Bruder erwartet sie bereits und kommt ihnen mit schnellen Schritten entgegen. Wie immer liegt ein Lachen auf seinem Gesicht. „Gut, dass ihr so zeitig da seid. Das Wetter verschlechtert sich; und ich bin sicher, dass ihr heute noch nach Hause zurückkehren wollt. Trotzdem wäre es schön, wenn ihr später noch zu einem Abschiedsmahl in mein Haus kommen könntet." Er nimmt die beiden in den Arm und klopft ihnen kräftig auf die Schulter. Ragin erwidert die Begrüßung lachend, aber Anselm muss einen Augenblick mit dem Gleichgewicht kämpfen, nachdem sein riesenhafter Onkel ihn unvermittelt wieder losgelassen hat. „Du hast Recht. Wir müssen zeitig wieder aufbrechen. Aber gegen eine warme Mahlzeit und einen Becher Met ist sicher nichts einzuwenden", schmunzelt Ragin. Gemeinsam gehen sie mit schnellen Schritten zu Hadamars Hütte. „Alwina war uns wirklich eine große Hilfe", erzählt Helmbot unterwegs. „Sie hat Hadamars Wunde versorgt und ich könnte schwören, dass die heute schon viel besser aussieht. Außerdem hat sie die ganze Nacht über bei ihm gewacht.

So konnte Erja einmal ausschlafen und Wibke war auch nicht traurig, dass sie bei ihrer eigenen Familie bleiben konnte. In diesen Nächten ist doch jeder am liebsten zu Hause, oder?" Mit einem Seitenblick zu Ragin fügt er schelmisch hinzu: „Aber keine Angst: Alwina war auch nicht völlig schutzlos. Wiborg hat sich rührend um sie gekümmert und ist die ganze Nacht mit ihr bei Hadamar geblieben. Ich glaube, er hätte jeden Geist in der Luft zerfetzt, der es gewagt hätte, sich seinem Mädchen zu nähern. Und du wirst es nicht glauben, die beiden sind noch immer bei Hadamar.

Ich weiß ja nicht, ob sie dem Alten noch eine große Hilfe sein können, so müde wie sie sind. Aber sie können sich offenbar keine Stunde voneinander trennen." Ragin fällt in Helmbots Lachen ein. Nur Anselm spürt einen Anflug von Ärger. Schon im letzten Sommer und Herbst ist ihm aufgefallen, dass sein Freund Wiborg sich verändert hat und plötzlich lieber mit Alwina als mit ihm zusammen ist. Natürlich weiß Anselm, dass sie langsam in das Alter kommen, in dem man sich eine Frau sucht und heiratet. Das gilt besonders für den mutigen und immer gut gelaunten Wiborg, der ein Jahr älter ist als er selbst und der mit seinen seidigen dunkelblonden Locken und den von langen Wimpern umrahmten graublauen Augen schon als Kind die Herzen der Frauen im Sturm erobert hat. Damals führte das dazu, dass er immer viel großzügiger mit Naschereien versorgt wurde als alle anderen Kinder der Siedlung. Zum Glück offenbarte sich schon damals Wiborgs großzügiger Charakter, denn er teilte seine Beute stets gleichmäßig mit allen, die einen Anteil für sich beanspruchten.

Aber nicht nur deshalb mochte Anselm Wiborg schon als Kind ganz besonders. Vor allem nach dem frühen Tod von Wiborgs Vater kamen sich der draufgängerische Wiborg und der besonnene Anselm näher. Wiborg fand in jener schweren Zeit Halt in dieser Freundschaft und Anselm begriff schnell, dass er sich auf Wiborgs Treue bedingungslos verlassen konnte. Und daran hat sich bis heute nichts verändert. Deshalb freut es ihn durchaus, dass Alwina und Wiborg ein Paar sind; seine Schwester und sein bester Freund. Aber warum muss Wiborg sich so seltsam benehmen, wenn Alwina in der Nähe ist? Manchmal ist es regelrecht peinlich, wenn der selbstbewusste und lustige Wiborg plötzlich anfängt zu stottern und völlig unsinnige Dinge tut. Helmbot hat die Veränderung in Anselms Gesicht bemerkt und lacht noch lauter. „Lass nur, Anselm. So sind alle Männer, wenn sie verliebt sind. Zum Glück gefällt es den Frauen, wenn wir uns wie Trottel aufführen, nicht wahr Ragin." Anselm ist nicht überzeugt, aber bevor er etwas sagen kann, sind sie bei Hadamars Hütte angekommen. Das Oberhaupt der kleinen Siedlung hat das größte Haus im Dorf, ganz in der Nähe des Teiches. In der Tür wartet Erja auf sie und lächelt ihnen freundlich entgegen. Anselm kennt Hadamars Tochter schon sein ganzes Leben lang. Zuletzt hat er das zierliche Mädchen mit dem flachsblonden Haar und den warmen grauen Augen im Sommer gesehen. Damals hat er sie allerdings kaum beachtet. Doch nun kommt es ihm vor, als habe sie sich auf geheimnisvolle Weise verändert. Obwohl sie ihn besonders herzlich begrüßt, fühlt Anselm sich seltsam befangen.

Zum Glück gibt es für die anderen kaum Gelegenheit, Anselms Unsicherheit zu bemerken. Denn sofort wendet sich das Interesse aller dem Patienten zu. „Vater geht es heute sehr viel besser. Er sitzt auf seinem Lager und seine Augen sind auch viel klarer als in den letzten Tagen. Das haben wir alles Alwina zu verdanken", erzählt Erja fröhlich. Anselm kommt es so vor, als habe er noch niemals eine lieblichere Stimme vernommen. Als Erja ihn unvermittelt anschaut und ihm ein warmes Lächeln schenkt, durchzuckt ihn ein völlig unbekanntes Gefühl: Ihm wird gleichzeitig heiß und kalt und er spürt, wie seine Hände zittern. Beschämt senkt er den Kopf, aber offenbar hat noch immer niemand bemerkt, dass mit ihm irgendetwas nicht in Ordnung ist. Wie benommen folgt er der kleinen Gruppe zu

Hadamars Lager neben dem Feuer. Alwina wacht noch immer über ihren Patienten. Und Wiborg wacht über Alwina. Die beiden begrüßen die Neuankömmlinge und ziehen sich dann zurück. „Ragin, Anselm, ich danke euch sehr, dass ihr so schnell gekommen seid. Und dass ihr mir Alwina bereits gestern geschickt habt. Sie hat mir wirklich sehr geholfen und mir geht es schon viel besser. Aber gegen die Geister braucht es einen starken Zauber, Ragin. Und um den bitte ich dich." Anselm hat Hadamars Stimme als tief, kräftig und voller natürlicher Autorität in Erinnerung. Doch nun klingt sie brüchig und man sieht dem alten Oberhaupt an, wie krank es ist. Der stattliche Mann ist in sich zusammengesunken, seine Haut sieht grau und faltig aus und aus den Augen ist der Glanz verschwunden.

Ragin kniet vor Hadamar und nimmt ihn behutsam in den Arm. „Wir sind gekommen, dir zu helfen", sagt er sanft. „Doch zunächst muss ich genau wissen, wie es zu dem Sturz gekommen ist. Kannst du mir alle Einzelheiten des Geschehens schildern?" Hadamars Stimme ist leise, als er antwortet; das Gespräch kostet ihn viel Kraft. „Nun, wir waren auf der Jagd. Es war Vollmond. Wir waren dem Wild dicht auf der Spur, und du weißt ja: Dann bin ich nicht zu halten. Ich bin in vollem Lauf ausgerutscht, einen Abhang hinunter gestürzt und mit dem Kopf auf einem Felsen aufgeschlagen. Als ich im Schnee lag, spürte ich das Blut warm über mein Gesicht laufen. Schmerzen fühlte ich kaum. Nach einiger Zeit haben mir meine Begleiter den Kopf verbunden und mich auf dem Heimweg gestützt. Erst schien alles glimpflich zu verlaufen. Doch nach ein paar Tagen bekam ich diese seltsamen Schmerzen und die Angst. Das ist eigentlich alles." Doch Ragin ist noch nicht zufrieden. „Erzähl´ mir genau, was direkt nach deinem Sturz passiert ist. Lass´ nichts aus; jede Einzelheit ist wichtig", fordert er Hadamar eindringlich auf. Der alte Mann überlegt eine Weile. „Also, ich bin mit der Stirn auf den Stein aufgeschlagen und habe mich dann auf den Rücken gedreht. Ich lag im Schnee und beobachtete den Vollmond über mir. Ich konnte direkt in den Mond hineinschauen. Erst später spürte ich das Blut und den Schmerz." Ragin schaut lange Zeit schweigend ins Feuer. Die anderen stehen lautlos um ihn herum. Niemand wagt etwas zu sagen, um ihn nicht in seinen Gedanken zu stören. Anselm schaut seinen Vater fasziniert an und versucht zu ergründen, was wohl in ihm vorgeht.

Erja hat er völlig vergessen. Es hat irgendetwas mit dem Mond zu tun, dessen ist sich Anselm sicher. Aber er kann nicht ergründen, was genau es ist. Unvermittelt schaut Ragin wieder zu Hadamar. „Durch die offene Wunde an deiner Stirn konnte der Mond mit all seiner Kraft in dich eindringen. Für einen Augenblick hast du dich im völlig hingegeben. Nun hat er Besitz von dir ergriffen. Wie du weißt, beeinflusst der Mond einige Menschen besonders stark. Meist sind das Frauen; aber auch Männer können vom Mond beherrscht werden. Diese Mondmenschen haben eine tiefe Verbindung zu ihren Gefühlen. Sie spüren Dinge, die andere gar nicht wahrnehmen. Sie sind sehr still und gehen meist unauffällig durch ihr Leben. Das ist aber normalerweise überhaupt nicht deine Art, und deshalb verwirrt dich dieser Zustand. Außerdem zieht der Mond nicht nur gleichmäßig seine Bahn am Himmel; er ist auch sehr wankelmütig, wechselt ständig seine Gestalt und seine Stimmung. Auch dies ist dir so fremd, dass es dich in tiefe Angst versetzt." Während die Worte seines Vaters für Anselm eine Offenbarung sind, die ihm viel über sein eigenes, nachdenkliches Wesen verrät, sitzt Hadamar still auf seinem Lager und denkt eine Weile nach. „Ich glaube, du hast Recht, Ragin. Meine Gefühle verwirren mich in letzter Zeit tatsächlich. So etwas kenne ich sonst gar nicht. Kannst Du mich davon befreien?" „Ich werde es versuchen. Aber zuerst muss ich mich in deinem Haus umschauen und einen besseren Schlafplatz für dich finden." Aus seinem Beutel holt Ragin einen gegabelten Ast, den er locker fasst und vor sich her durch die Hütte trägt. Nachdem er eine Runde gedreht hat, verschwindet er durch die Türöffnung und geht auch das Gelände rund um die Behausung ab. Anselm folgt seinem Vater still wie ein Schatten. Er ist bemüht, ihn nicht bei seinem Ritual zu stören; aber er will auch nichts von dem, was hier geschieht, verpassen. Schließlich wird er seinem Vater eines Tages als Heiler der Gruppe folgen. Und bis dahin muss er noch sehr viel lernen.

Anselm weiß, dass es während der Behandlung seine Aufgabe ist, ruhig zu sein und genau zu beobachten. Später, wenn sie wieder auf dem Heimweg sind, wird genug Zeit sein, um Ragin Fragen zu stellen. In Momenten wie diesen spürt Anselm das große Wissen und die Kraft Ragins, die ihn tief mit den Geheimnissen der Natur und den Göttern verbinden. Sein Vater sieht Dinge, die andere Menschen nicht einmal für möglich halten. Anselm bewundert ihn dafür und manchmal fragt er sich, ob er selbst jemals an seinen Vater heranreichen wird. Doch Ragin hat nur gelacht, als er ihm diese Angst bei ihrem letzten Ausflug zum See gebeichtet hat. „Ach Sohn, diese Zweifel sind wohl notwendig, wenn man ein guter Heiler werden will. Sie schützen uns vor jener Überheblichkeit, die alles Können in ein Übel verwandelt. Ich verrate dir ein Geheimnis: Ich selbst glaube bis heute nicht, dass ich mich mit meinem Vater Ulof messen kann. Aber ich bin sicher, dass du es eines Tages kannst. Du wirst ein größerer Heiler sein als ich es je war. Aber vorher musst du noch sehr viel lernen." Anselm hat so seine Zweifel, ob Ragins Prophezeiung je eintreten wird. Aber die Worte des Vaters haben ihn sehr stolz gemacht und seinen Eifer beflügelt. Mit großem Ernst folgt er Ragin deshalb nun zurück in die Hütte. Diesmal weiß er genau, was gerade geschieht.

Ragin hat Kontakt zu den Erdgeistern aufgenommen und sie verraten ihm über die Astgabel, an welchen Stellen in und rund um die Hütte Kräfte walten, die Hadamar schaden oder ihm nutzen können. Die Erdgeister sind sehr gesellige Wesen und treten leicht mit Menschen in Kontakt. Anselm hat selbst schon oft mit ihnen gesprochen. In der Hütte warten alle ganz still darauf, zu welchem Schluss der Heiler und sein junger Gehilfe kommen werden. Die Blicke der meisten liegen gebannt auf Ragin und seiner Rute, die er vor sich herträgt. Nur Erja schaut voller Stolz auf Anselm, der seinem Vater ruhig und mit großer Selbstverständlichkeit folgt. Sie ist sicher, dass er eines Tages ein großer Heiler sein wird. Schon als Kind hat sie diesen ruhigen, ernsten Jungen lieber gehabt als alle anderen Spielgefährten. In seiner Nähe fühlte sie sich sicher und beschützt, obwohl er eher von schmächtiger Gestalt war. Den Raufbolden aus der Siedlung war er dennoch überlegen, denn seine Worte waren so klug gewählt, dass er jeden Streit im Ansatz schlichten konnte. Erja weiß schon lange, dass sie keinen anderen zum Mann nehmen wird als Anselm. Aber heute hat sie zum ersten Mal gespürt, dass auch in ihm etwas anderes aufkeimt als die unschuldige Kameradschaft aus Kindertagen. Sie sind keine

Kinder mehr, sondern eine junge Frau und ein junger Mann, die vom Schicksal füreinander bestimmt sind. Natürlich hat Erja bemerkt, dass diese Entdeckung für Anselm weit weniger selbstverständlich ist als für sie selbst. Die Unbefangenheit der Kindheit ist einer Scheu und Unsicherheit gewichen, die beinahe schon an Angst grenzt. Aber das beunruhigt Erja nicht. Sie kennt sich aus mit den Menschen und ihren Gefühlen und hat schon oft beobachtet, dass Männer auf diese Weise auf die Liebe reagieren. In dieser Hinsicht sind sie den Frauen eindeutig unterlegen. Erst wenn sie wissen, dass ihre Gefühle erwidert werden, erlangen Männer ihr Selbstbewusstsein zurück. Bis es soweit ist, kann freilich viel Zeit vergehen. Denn selbst die Mutigsten scheuen sich oft lange, nach einer Antwort auf ihre Frage zu suchen.

Eigentlich wäre es in dieser Situation ja das Klügste, wenn die Frau den ersten Schritt tun würde, denkt Erja. Aber auch dies ist riskant. Denn häufig verschreckt ein solches Vorgehen die Männer so sehr, dass sie flüchten und der Erfolg verzögert oder im schlimmsten Fall sogar ganz verhindert wird. Nein, sie wird ihm Zeit lassen. Es ist sehr viel besser, wenn Anselm aus freien Stücken auf sie zukommt und glaubt, die Initiative ginge von ihm aus. Erjas sanfter Blick ruht noch immer auf Anselm und so wird sie jäh aus ihren Gedanken gerissen, als Ragin sie plötzlich anschaut und spricht: „Komm her zu mir, Erja. Auf die andere Seite des Feuers. Genau hier ist der neue Schlafplatz Deines Vaters. Anselm wird dir später helfen, ihn herzurichten. Am besten bleibt ihr beide hier stehen, bis wir anderen uns zurückgezogen haben, dann könnt ihr euch an die Arbeit machen.“ Erjas Herz hüpft vor Freude als sie Ragins Worte hört, aber sie gibt sich viel Mühe, ihre Gefühle zu verbergen.

Sie sieht Anselms erschrockenes Gesicht und will ihn nicht noch mehr verunsichern. Wie Ragin ihr geheißen hat, bleibt sie dicht neben Anselm stehen. Sie müsste nur ihren Arm ein wenig heben, um ihn zu berühren, und sie hat das deutliche Gefühl, dass der schmale Raum zwischen ihnen von einer starken Energie ausgefüllt wird, die ihre Körper und ihre Seelen verschmelzen lässt. Auch Anselm spürt diese Kraft, doch während Erja sicher wie eine Eiche neben ihm steht, hat er das Gefühl, sich wie eine Weide im Sturm zu biegen und zu schütteln.

Einen Moment lang schwankt sogar der Boden unter seinen Füßen. Ragin scheint von all dem nichts zu bemerken. Er wendet sich um, geht zu Hadamar zurück und lässt sich wieder auf dessen Lager nieder. „Höre, Hadamar. Wir haben jetzt abnehmenden Mond. Bis zum nächsten Neumond wirst du dein Lager auf der anderen Seite der Feuerstelle aufschlagen. Dort, wo unsere Kinder gerade stehen." Nur Hadamar sieht das leichte Schmunzeln, das bei diesen Worten über Ragins Gesicht gleitet, und trotz seiner Schwäche erwidert er die Botschaft. Natürlich ist auch ihm die Spannung aufgefallen, die zwischen seiner Tochter und Ragins Sohn herrscht, seit sie sich heute an der Tür der Hütte begegnet sind. Dort bahnt sich etwas Starkes an und genau wie Ragin freut er sich über diese Verbindung. Besonders jetzt, wo er krank ist, ist es ein Trost für ihn zu wissen, dass sein einziges Kind auch ohne seinen Schutz gut versorgt sein würde. Seit dem Tod seiner Frau im vorletzten Winter hat er sich oft Sorgen um seine Tochter gemacht. Doch nun ist sie zu einer stillen und schönen jungen Frau herangewachsen, die ihn trotz ihrer jungen Jahre oftmals mit ihrem Wissen um das Wesen der Menschen verblüfft. „Ich habe dir eine

Salbe mitgebracht. Erja wird sie bis zum nächsten Vollmond jeden Abend auf deine Wunde auftragen. Auf keinen Fall dürft ihr die Wunde verbinden. Die Salbe und dein neuer Schlafplatz sorgen dafür, dass die Mächte des Mondes aus deinem Kopf abfließen, während der Mond vom Himmel verschwindet. Sobald der Mond zunimmt, müsst ihr die Salbe verwenden, die Alwina mitgebracht hat. Jeden Abend bevor die Nacht beginnt, muss Erja die Wunde dann mit der Rinde des Holunderbaumes abdecken und mit einem Tuch verbinden. Der zunehmende Mond wird dir deine Kraft zurückbringen. Du musst allerdings aufpassen, dass er nicht wieder durch die Wunde in dich eindringen kann." Erleichtert blickt Hadamar zu Ragin auf. „Deine Worte geben mir Mut, Ragin. Dafür danke ich dir. Aber was soll ich gegen die Geister tun, die mich in der Nacht heimsuchen?" „Auch dagegen kann ich dich schützen."

Ragin steht auf und geht zu seinem Beutel. Er holt einen länglichen Gegenstand heraus und wickelt ihn aus dem Leintuch, das ihn verhüllt. Anselm wird ganz unruhig und Erja schaut ihn erstaunt an. Es ist Godwin. Anselm kennt das große Messer mit dem Bernsteingriff und den geheimnisvollen Verzierungen auf der Schneide sehr gut. Schon oft hat er es sich angeschaut, und er weiß, dass Godwin viel mehr ist als ein einfacher Gebrauchsgegenstand. Ragin benutzt dieses Messer für seine Heilzauber und für andere magische Rituale, aber Anselm war noch niemals dabei, wenn sein Vater es bei einer Heilung angewendet hat. Zu gern würde er zu Ragin hinübergehen, damit er nichts von dem, was nun geschieht, verpasst. Doch sein Vater hat ihn angewiesen, bei Erja stehen zu bleiben. Der Gedanke an die junge Frau an seiner Seite lenkt ihn diesmal nur für einen

Augenblick vom Wirken seines Vaters ab. Ragin bittet Helmbot um Hilfe und gemeinsam bringen sie Hadamar zum Tisch und setzen ihn auf die Bank. „Anselm, Erja, ihr könnt nun das Lager an seinem neuen Platz aufschlagen." Sofort gehorchen die beiden jungen Leute. Anselm packt das niedrige, aber schwere Holzgestell und Erja ergreift die Felle und Decken. Während Erja alles wieder herrichtet, geht Anselm leise zu seinem Vater hinüber, der nun mit seiner Astgabel an der Stelle steht, an der noch vor wenigen Augenblicken Hadamar auf seinem Lager lag. Nachdem er ein paar Mal über den Platz gelaufen ist, nimmt Ragin Godwin vom Tisch und zieht Striche und Linien auf den festen Lehmboden, die offenbar einem geheimen Muster folgen, das aber nur er alleine kennt. Dann geht er zur Tür und schnitzt ein ähnliches Bild in das Holz der Außenseite. Schließlich dreht er sich zu seinem Sohn um, der ihm gefolgt ist. „Komm mit nach draußen, Anselm. Dort müssen wir noch einige Steine setzen. Dann ist der Zauber mächtig genug, um Hadamar und alle anderen Bewohner des Hauses zu schützen." Einen Moment lang glaubt Anselm, dass Ragin Hadamar bei diesen Worten einen vielsagenden Blick zuwirft, doch dann ist sein Vater schon nach draußen verschwunden. Während Ragin den Platz vor dem Haus noch einmal mit der Rute abgeht, macht Anselm sich mit Feuereifer daran, passende Steine zu finden. Zwar ist er immer sehr sorgfältig, wenn er die ihm aufgetragenen Arbeiten erledigt. Doch diesmal schaut er sich die Steine, die Hadamar und Erja schützen sollen, besonders kritisch an. Der Gedanke, dass er dazu beiträgt, die Geister von ihrem Haus fernzuhalten, macht ihn auf seltsame Weise stolz. Zum ersten Mal fühlt er sich wie ein erwachsener Mann, der sein Heim und seine Familie beschützt. Als er schließlich genügend passende Steine zusammengetragen hat, hilft er seinem Vater, sie rund um Hadamars Hütte in einem bestimmten Muster anzuordnen und aufzuschichten. Drin hat Erja frisches Brot und Met für sie bereitgestellt. Hadamar liegt entspannt auf seinem neuen Lager und Helmbot ist schon nach Hause gegangen, um alles für das Abschiedsmahl vorzubereiten. „Kommt, nun müsst ihr euch aber erst mal ein wenig stärken", lächelt Erja den Männern zu. „Verzeiht mir, dass ich euch nicht gleich etwas angeboten habe, als ihr angekommen seid. Aber irgendwie schien es wichtiger, dass ihr euch erst um Vater kümmert." Ragin winkt lachend ab und greift nach einem der Krüge. „Nun, so haben wir uns den Trunk wenigstens redlich verdient, nicht wahr Anselm."

Sein Sohn ist unschlüssig an der Tür stehen geblieben. Nun, wo die Arbeit verrichtet ist, kehrt die Unsicherheit zurück. Doch da kommt Erja strahlend auf ihn zu, nimmt seinen Arm und führt ihn wie selbstverständlich zum Tisch. „Das wäre ja noch schöner, wenn unsere Gäste sich ihren Begrüßungstrunk erst verdienen müssten. Das, was ihr für uns getan habt, können wir ohnehin niemals angemessen vergelten. Sieh nur, Anselm, Vater geht es schon viel besser. Ihr beide seid wirklich große Heiler." Anselm ist nicht entgangen, dass Erja ihr Kompliment an sie beide gerichtet hat, und das Lob erfüllt ihn mit tiefer Freude und Stolz. Er hat das Gefühl, dass er unter Erjas bewunderndem Blick ein wenig größer wird. Tatsächlich sieht Hadamar bereits viel gesünder aus. Besonders jetzt, wo er mit einem breiten Grinsen zu Ragin hinüberschaut. Offenbar freut der Alte sich wirklich sehr über den Fortschritt bei seiner Heilung. Erja, die den Blick ebenfalls aufgeschnappt hat, weiß es besser.

Sie wissen es, denkt sie glücklich. Und sie sind einverstanden mit unserer Verbindung. Dankbar schaut sie Ragin und Hadamar an. Zwischen ihnen gibt es in diesem Moment ein stilles Einverständnis, von dem allein Anselm nichts weiß.

Viel später, als Anselm mit seinem Vater längst wieder auf dem Heimweg ist, beschäftigen sich seine Gedanken noch immer mit den Ereignissen dieses sonderbaren Tages. Gemeinsam mit seinem Vater war er schließlich zu Helmbot und dessen Familie hinübergegangen, die ein kleines Festmahl für ihre Verwandten vorbereitet hatten. Auch Alwina und Wiborg waren dort, aber die verliebten Blicke, die sie sich ständig zuwarfen, kamen Anselm gar nicht mehr so albern vor wie noch am Morgen. Schließlich schlug das junge Paar vor, Erja bei der Pflege ihres Vaters abzulösen, damit sie noch ein wenig mit den Besuchern feiern könnte. Zunächst klopfte Anselms Herz wie wild und er war nicht sicher, ob ihm der Gedanke an die schöne junge Frau tatsächlich behagte. Auf jeden Fall stürzte sie ihn in ziemliche Aufregung und brachte sein ganzes Leben durcheinander. Doch als sie schließlich auftauchte, spürte er bei ihrem Anblick ganz deutlich Freude; und dank ihrer liebevollen und aufmerksamen Art verlor sich im Laufe der Zeit auch seine Unsicherheit völlig. Schließlich beschlossen die Erwachsenen, dass Alwina noch ein paar Tage in der Siedlung bleiben und Erja bei Hadamars Pflege helfen würde. Wiborg würde sie rechtzeitig vor dem großen Fest nach Hause bringen. Obwohl er eigentlich nie gern für längere Zeit von zu Hause fort ist, hatte Anselm seine Schwester einen Moment lang beneidet. Jeder weiß, dass die beiden längst ein Paar sind und für immer zusammen bleiben wollen, denkt er. Doch wie haben sie sich das gesagt? Wie haben sie den Sprung geschafft, von einem Gefühl der Vertrautheit zum Aussprechen dieses Gefühls? Anselm kann sich beim besten Willen nicht vorstellen, wie er jemals zu Erja über seine Gefühle sprechen wird. Ganz davon abgesehen, dass er keineswegs weiß, wie er diese Gefühle überhaupt deuten soll. „Erja ist ein nettes Mädchen. Sie ist schön. Aber vor allem ist sie klug und ehrlich. Wer sie einmal zur Frau bekommt, kann sich glücklich schätzen. Ich glaube, es wird nicht mehr allzu lange dauern bis sie sich einen Mann suchen wird. Seit dem Sommer ist sie zur Frau geworden. Was meinst Du?“

Die Worte seines Vaters reißen Anselm unvermittelt aus seinem stummen Grübeln und es dauert eine Weile, bis er ihren Sinn erfasst. Er spürt, wie ihm das Blut ins Gesicht schießt. Beinahe scheint es, als habe Ragin seine Gedanken erraten und wolle ihn nun verspotten. Er wirft dem Älteren einen vorsichtigen Blick zu, kann aber nichts als ehrliches Interesse in seinem Gesicht entdecken. „Ja“, sagt er vorsichtig. „Sie hat sich verändert. Aber glaubst Du, sie ist alt genug, um eine eigene Familie zu gründen?“ „Nun, das vielleicht nicht. Aber Hadamar wird glücklich sein, wenn er einen anständigen Mann für sie findet und weiß, dass sie im nächsten oder übernächsten Winter dessen Frau sein wird. Schließlich ist Erjas Mutter schon eine ganze Weile tot und die Verantwortung lastet schwer auf Hadamar. Besonders jetzt, wo er krank ist.“ „Aber er wird doch wieder gesund“, wendet Anselm ein wenig beunruhigt ein. „Ja, das wird er ganz sicher. Aber dennoch hat ihm diese Krankheit gezeigt, dass er sterblich ist und dass die Götter ihn ganz plötzlich zu sich rufen können, wenn es ihnen beliebt. Da will er seine Angelegenheiten bestimmt möglichst bald geregelt haben.“ Plötzlich kommt Anselm ein Gedanke, der ihn in Unruhe versetzt. „Hat Hadamar dir gesagt, dass es schon einen Bewerber um Erja gibt?" Ragin hat Mühe, ein Lachen zu unterdrücken, aber Anselm ist so aufgewühlt von der Aussicht, Erja könnte bereits vergeben sein, dass er den Schalk in den Augen seines Vaters gar nicht bemerkt. „Nein, einen richtigen Bewerber gibt es wohl noch nicht. Aber ich habe den Eindruck, dass Hadamar durchaus eine Vorliebe für einen jungen Mann entwickelt hat. Und ich glaube, Erja hat auch ein Auge auf ihn geworfen." „Wer soll das sein?", fragt Anselm mürrisch. „Wir waren den ganzen Tag mit ihr zusammen und haben niemanden bemerkt." „Du hast nichts bemerkt, Sohn. Es ist schon ungewöhnlich. Du kannst die kompliziertesten und verborgensten Zusammenhänge erkennen, ohne dass man sie dir erklären muss. Aber das Offensichtliche vermagst Du oftmals nicht zu sehen. Doch du bist noch jung. Das wird schon noch." Sie gehen eine Weile schweigend nebeneinander her, während Anselm über die Worte seines Vaters nachdenkt.

Es stimmt, was Ragin sagt. Anselm hat die wunderbare Gabe, die größten Geheimnisse der Welt so lange zu durchdenken, bis sie sich ihm entschlüsseln. Aber die einfachen Dinge des Lebens entgehen ihm hin und wieder. Diese Überlegungen bringen ihn zurück zum Heilzauber, den Ragin bei Hadamar angewandt hat. „Vater, was hat es mit Godwin eigentlich auf sich? Besitzt er Zauberkräfte?" Ragin schaut seinen Sohn nachdenklich an. „Dieses Messer gehörte einst meinem Vater und der hat es vor langer Zeit von seinem Vater bekommen. Genau wie Du mich heutzutage begleitest, bin ich einst mit Ulof gegangen. Auch ich habe ihn beobachtet, so wie du es heute bei mir tust. Er hat mich gelehrt, die Sprache der Götter zu verstehen, um Geister zu bannen oder mit ihnen in Kontakt zu treten und um die Kräfte der Natur zu fördern oder abzuwehren. Und er hat mir gezeigt, wie man mit Godwin einen Zauber schneidet. Du hast Recht: Godwin besitzt tatsächlich ganz besondere Kräfte – allerdings nur in der Hand eines Menschen, der sie anzuwenden weiß. Ich denke, es ist an der Zeit, auch dieses Wissen an dich weiterzugeben. Wir werden in den nächsten Tagen darüber sprechen, wenn wir wieder zu Hause sind. Jetzt sollten wir uns beeilen, das Wetter wird schlechter und bald ist es dunkel."

Tatsächlich ist das Schneetreiben immer dichter geworden und die Dämmerung breitet sich zügig zwischen den Bäumen aus. Als die Männer den Wald verlassen und durch den hohen Schnee auf die Hügel zu stapfen, hinter denen sich ihr Hof verbirgt, verlangsamt Ragin seine Schritte ein wenig und rückt näher an Anselm heran. Er ist nun sicher, dass sie zu Hause sein werden, bevor es völlig dunkel ist. „Weißt du, Sohn. Es gibt etwas, das mich beschäftigt, seit Ulof verschwunden ist. Solange ich denken kann, hat dein Großvater Godwin immer bei sich getragen. Aber an dem Abend des Tages, an dem er zu seiner letzten Reise aufbrach, habe ich es unter Decken verborgen auf meinem Lager gefunden. Ich bin sehr dankbar dafür, dass ich dieses Messer besitze und es hat mir seitdem viele gute Dienste geleistet. Es ist ein großes Glück, dass es bei uns geblieben ist. Aber ich kann dennoch keine Erklärung dafür finden. Ulof war bei bester Gesundheit und guter Stimmung als er aufbrach. Er wollte bis zum Winter zurück sein und ich glaube nicht, dass er die Vorahnung eines Unglücks hatte. Ich wüsste wirklich gern, was ihm zugestoßen ist." Trotz des heftigen Schneegestöbers, das Ragins Worte dämpft, hört

Anselm die tiefe Bewegung in der Stimme seines Vaters und zum ersten Mal spürt er deutlich, wie sehr der Verlust Ragin getroffen hat. Auch er hat Ulof geliebt und bewundert, doch plötzlich wird ihm klar, dass der alte Mann für Ragin mehr bedeutete. Er war sein Vater und sein Lehrer. Als sie vor ihrer Hütte ankommen, ist Anselm von einem neuen Gedanken erfüllt: Auch er wird seinen Vater und Lehrer eines Tages verlieren. Auch er wird dessen Stelle einnehmen und ohne seine Anleitung zurechtkommen müssen. Und niemand kann vorhersagen, wie lange es bis dahin noch dauern wird.

Hadamar war zu einem harmlosen Jagdvergnügen aufgebrochen und wäre nach seinem Unfall fast gestorben. Die Götter sind unberechenbar. Oder verfolgen sie vielleicht einen Plan, den er nur nicht zu erkennen vermag? Es gibt noch so vieles, dass er von Ragin lernen muss. Und plötzlich ist ihm klar, dass er nicht nur zu seinem eigenen Nutzen lernt, sondern dass das Wissen, das über viele Generationen in seiner Familie gesammelt und weitergegeben wird, eine große Verantwortung mit sich bringt. Als Anselm über die Schwelle in die Wärme des Hauses tritt kommt es ihm so vor, als sei er Monate fort gewesen. Er ist nicht mehr der Junge, der heute morgen von hier aufgebrochen ist. Er ist erwachsen geworden.

Der Steinkreis

In den nächsten Tagen nehmen Schnee und Wind weiter zu. Der Sturm zwingt die Familie, die meiste Zeit im Haus zu bleiben. Zum Glück haben Lynn und Godelief die Kuh wieder ins Haus geholt, während Ragin und Anselm in der Siedlung waren. So sind alle Tiere hinter der dünnen Wand vereint, die Wohnraum und Stall voneinander trennt. Nur zum Holzholen muss Anselm hin und wieder hinaus ins wilde Schneetreiben. Auch Ragin begibt sich am zweiten Tag nach draußen und stopft einige Ritzen in den Wänden mit dem Moos aus, das sie im Herbst vorsorglich an einer Stelle unter dem tiefen Dachüberstand aufgestapelt haben. Godelief und Lynn mahlen Korn und backen frisches Brot oder machen sich an den Webstühlen zu schaffen. Die Nächte sind stürmisch, aber im Haus fühlt sich die Familie sicher. Am achten Abend nach dem Yulfest lässt der Wind plötzlich nach. Ragin kommt zu Anselm hinüber, der auf einem Hocker sitzt und Messer über einen großen, rauen Stein zieht, um sie zu schärfen. „Das Wetter ändert sich. Vielleicht können wir morgen auf den Hügel gehen und den Steinkreis freilegen. Es wird Zeit, dass die alten Mächte ihren Platz für die neuen räumen. Die neuen Mächte werden die Ordnung wieder herstellen. Wahrscheinlich wird es eine unruhige Nacht, in der die Geister noch einmal versuchen werden, die Menschen zu bedrängen." Bei diesen Worten schaut Godelief von ihrer Webarbeit auf und wirft den Männern einen beunruhigten Blick zu. Doch Ragin beschwichtigt sie lächelnd. „Mach dir keine Sorgen, Frau. Unser Haus ist gut geschützt und die Geister haben bereits stark an Kraft verloren. Falls sie wirklich auftauchen, können wir sie mit ein wenig Lärm vertreiben. Wir bleiben heute also länger auf als gewöhnlich und sind auf der Hut."

Während Godelief sich wieder ihrer Arbeit zuwendet, dreht Ragin sich noch einmal zu Anselm um. „Trotzdem werden wir morgen früh aufbrechen müssen, wenn wir unsere Arbeit bei Tageslicht erledigen wollen." Wie Ragin angekündigt hat, bleiben in dieser Nacht alle länger auf. Nur Sonnwinni schläft, von der Gefahr unbeeindruckt, wie immer tief und fest in seinem Körbchen. Lynn, die darauf bestanden hat, mit den Älteren zu wachen, schläft irgendwann auf der Bank ein und Ragin trägt sie hinüber zu ihrem Nachtlager. Da auch in dieser Nacht alles ruhig bleibt, ziehen sich auch die anderen irgendwann zurück, um noch ein wenig zu schlafen, bevor der neue Tag anbricht. Als Ragin ihn weckt, kommt es Anselm so vor, als habe er sich gerade erst niedergelegt. Die Sonne ist noch nicht über den Hügeln aufgegangen, als Vater und Sohn bereits durch den tiefen Schnee stapfen und sich zu dem Platz vorkämpfen, an dem der Steinkreis unter meterhohen Schneewehen versunken ist. „Vater, ich weiß, dass der Steinkreis einen magischen Ort markiert. Aber was genau ist seine Bedeutung?"

Anselm schaut Ragin erwartungsvoll an. Der lacht laut auf. „Mach dir keine Sorgen. Ich erinnere mich noch sehr gut daran, dass ich dir versprochen habe, dich in alle Geheimnisse einzuweihen, die ich kenne. Und wir werden auch gleich damit beginnen. Doch lass uns zunächst nach dem ersten Stein suchen. Wenn wir ihn erst gefunden haben, geht der Rest sehr viel einfacher, denn die Steine stehen immer eine Stocklänge voneinander entfernt." Die beiden Männer haben das kleine Plateau unterhalb des Grates erreicht. Sie stochern und graben mit ihren langen Holzstöcken im weichen Schnee, um den Stein zu finden. Sie entdecken ihn, als die ersten Sonnenstrahlen den Platz erobern und in ein warmes, goldenes Licht tauchen, in dem die Eiskristalle um die Wette glitzern. Gemeinsam legen sie den Stein frei, der Anselm gerade bis zum Oberschenkel reicht, während Ragin erklärt. „Die Steine helfen den Mächten der Natur dabei, ihren Weg durch den Jahreskreis zu finden. Von der Geburt der ersten Halme bis zu ihrem Tod unter der eisigen Schneedecke. Und sie sorgen dafür, dass dieser Kreislauf nicht unterbrochen wird. Sie vertreiben das Alte, wenn es nicht freiwillig gehen will, um Platz für das Neue zu schaffen. Bei diesem Kampf wird der Steinkreis aber meist ein wenig beschädigt. Sturm und Schnee verrücken einzelne Steine oder werfen sie um. Manche werden sogar richtig weit fort getragen. Es ist unsere Aufgabe, den Kreis wieder in Ordnung zu bringen, damit er seine volle Kraft zurückgewinnt. So nützen wir uns gegenseitig. Wir erhalten den magischen Kreis und die Steine beschützen unser Haus und das Gebiet, in dem wir leben."

Anselm hat seinem Vater aufmerksam zugehört. „Du meinst also, dass dieser Steinkreis uns in den Raunächten ebenso beschützt wie die Zauber, die du über unser Haus gelegt hast?" Ragin schaut seinen Sohn lächelnd an, aber seine Augen sind ernst als er ihm antwortet. „Nicht alle Menschen haben so viel Glück wie wir und leben so dicht an einem solchen Kreis. Die Steine stehen nicht zufällig an diesem Platz. Es ist ein magischer Ort, an dem sich die Kräfte der Natur bündeln. Es waren die Alten, die diese Plätze zuerst aufspürten und mit Steinen markierten. Wir haben diese Aufgabe von ihnen übernommen. Aber die Gegenwart der Götter kannst du noch immer deutlich spüren, wenn du dich auf die Magie dieses Ortes einlässt. Komm, wir legen den Kreis frei und bessern ihn aus. Dann wirst du es selbst erleben." Gemeinsam graben sie Stein für Stein aus dem hüfthohen Schnee. Die Arbeit ist nicht allzu schwer, denn der Schnee ist locker. Etwas schwieriger ist es allerdings, die Steine zu finden, die aus dem Kreis herausgefallen sind. Die Sonne steht bereits hoch am Himmel, als wieder alle 24 Steine an ihrem Platz sind. Zum Schluss räumen Ragin und Anselm noch das Innere des Steinkreises frei. „So, nun kann die Sonne den Grund des Kreises wieder erreichen", erklärt Ragin seinem Sohn als sie ihre Arbeit endlich beendet haben. Gemeinsam setzen sie sich in die Mitte des Kreises und Ragin holt Brot aus seinem Beutel, das sie schweigend verzehren. Anselm fühlt sich wohl an diesem Platz, der nun von einer regelrechten Schneewand umschlossen ist. Die Sonne scheint hell und warm auf sie herunter. „Spürst du die Kraft in diesem Kreis?", fragt Ragin seinen Sohn. „Ja", antwortet Anselm. „Ich spüre auch, dass es eine gute Kraft ist, die hier herrscht." Ragin nickt zustimmend und ergänzt: "Später, wenn wir das Ting zelebrieren, wirst du noch einmal dieser Kraft begegnen. Dann wirst du auch die volle Tragweite des Ting verstehen. Für heute reicht erst einmal dieser Hinweis für dich. Das Ting ist eine ganz besondere Art der Versammlung, deren Magie durch die teilnehmenden Priester verändert werden kann."

Dann steht er auf, breitet die Arme aus und dreht sich langsam im Kreis. Er murmelt vor sich hin, greift dann in seinen Beutel und verstreut getrocknete Kräuter. Auch Anselm ist aufgestanden und beobachtet seinen Vater. „Wunschkraut, Beifuß, Baldrskraut und spitzer Wegerich", erklärt Ragin. „Merke sie dir wohl, mein Sohn. Diese Kräuter öffnen dir den magischen Ort!“ Eine Zeitlang bleiben die beiden Männer stumm in der Mitte des Steinkreises stehen und wenden ihren Blick nach innen. Jeder ist mit seinen tiefsten Empfindungen beschäftigt und doch sind sie auf magische Weise eng miteinander verbunden. Es ist beinahe so, als hätten wir die gleichen Gedanken und Gefühle, denkt Anselm. Als hätten sich an diesem außergewöhnlichen Ort unsere Seelen verbunden. Ragin schaut zu seinem Sohn hinüber und lächelt ihm zu. „Die neue Ordnung ist erwacht. Wir können nach Hause gehen. Die Raunächte müssen wir nun nicht mehr fürchten.“

Die Reise

Es wird bereits dunkel, als Ragin und Anselm nach Hause kommen. Auf dem Heimweg hat Ragin seinem Sohn erklärt, dass sie nun die Reise zum großen Berg vorbereiten werden, um an der jährlichen Versammlung teilzunehmen. Anselm kennt den Berg seit vielen Jahren. Doch bislang hat er niemals an der Zeremonie teilgenommen, sondern die meiste Zeit mit den Kindern der anderen Sippen gespielt. Das war stets ein großes Abenteuer und Anselm hat sich immer auf die Reise gefreut. Doch diesmal, das spürt er deutlich, wird es anders sein. Er ist kein Kind mehr; dieses Mal wird die Reise zum Berg sein Erwachsenwerden besiegeln. Außerdem werden Godelief und Lynn nicht dabei sein, denn sie bleiben mit Sonnwinni zu Hause, der noch zu klein für dieses Abenteuer ist. Ragin hat Anselm erklärt, dass er und Alwina deshalb mehr Aufgaben übernehmen müssen als früher. Doch diese Aussicht erschreckt Anselm nicht, im Gegenteil: Das Vertrauen seines Vaters erfüllt ihn mit Stolz und er freut sich darauf, ihm zu beweisen, dass er dessen würdig ist. Als sie die Hütte betreten, wartet eine angenehme Überraschung auf sie: Alwina und Wiborg sind am Mittag eingetroffen. Während des Essens berichten sie die Neuigkeiten aus der Siedlung.

Besonders Lynn ist ganz aufgeregt und will alles bis ins kleinste Detail wissen. Wie schade, dass sie diesmal nicht mit zum Berg kommen kann, denkt Anselm. Meine kleine Schwester genießt die Gesellschaft anderer so viel mehr als Alwina und ich. Nun muss sie ein ganzes Jahr warten, bis sie die meisten ihrer Freunde wieder sieht. Anselm weiß, wie schwer es für Lynn ist, zu Hause zu bleiben, während alle anderen sich in das große Abenteuer stürzen. Doch so ungestüm seine Schwester auch ist, er weiß, dass sie mit keinem Wort gegen die Entscheidung der Eltern aufbegehren wird. Godelief und Sonnwinni brauchen sie, und diese Verantwortung nimmt Lynn sehr ernst. Sobald wir vom Berg zurück sind, werde ich mit ihr in die Siedlung gehen und eine Zeitlang bei Helmbot wohnen. Das wird sie für den Verzicht entschädigen. Und solange die Natur noch nicht aus ihrem Winterschlaf erwacht ist, kann Vater ein paar Tage auf mich verzichten. Insgeheim muss Anselm sich freilich eingestehen, dass er diese weitere Reise nicht allein seiner Schwester zuliebe antreten will. Es ist auch eine Gelegenheit, Erja wieder zu sehen. Denn er befürchtet, dass Hadamar noch zu schwach ist, um zum Berg zu reisen und dass deshalb auch Erja in der Siedlung zurückbleiben wird. Auch diesmal scheint Ragin die Gedanken seines Sohnes erraten zu haben. „Wie geht es eigentlich unserem Patienten, Alwina? Wird Hadamar an der Versammlung teilnehmen können?“ Alwina schaut ihren Vater strahlend an. „Oh ja, da bin ich ganz sicher. Er ist schon fast wieder der Alte. Es ist kaum zu glauben, wie schnell er sich erholt hat. Er und Erja freuen sich schon sehr darauf, Euch beide bei der Versammlung zu treffen.“

Bei diesen Worten wirft Alwina ihrem Bruder einen aufmunternden Blick zu. Natürlich hat sie beim Abschiedsessen in Helmbots Haus bemerkt, wie es um die beiden jungen Leute steht. Und bei der gemeinsamen Pflege von Hadamar hat sie häufig mit Erja über deren Gefühle für ihren Bruder gesprochen. Alwina ist sehr glücklich darüber, dass auch Anselm die Frau gefunden hat, die das Schicksal für ihn bestimmt hat. Denn dass er Erjas Gefühle erwidert, bezweifelt sie keinen Augenblick. Allerdings weiß sie auch, wie schüchtern Anselm sein kann - und wie schwer es ist, einander diese starken Gefühle zu gestehen. Schließlich ist es noch nicht lange her, dass sie und Wiborg in der gleichen Lage waren. Deshalb denkt sie auch nicht daran, Anselm aufzuziehen. Im Gegenteil: Sie wird ihn ganz sachte ermuntern und ihm helfen, seine Scheu zu überwinden. Doch dafür ist jetzt, wo die ganze Familie beim Essen versammelt ist, nicht die richtige Zeit. Sie wird eine bessere Gelegenheit abpassen. Geschickt lenkt Alwina das Gespräch deshalb auf ein anderes Thema. „Ist es nicht schön, dass Wiborg bleiben und mit uns zum Berg reisen kann? Da Mutter und Lynn diesmal nicht mitkommen, können wir seine Hilfe bei der Vorbereitung des Festes doch gut gebrauchen." Ragin schaut seine Tochter einen Augenblick lang verdutzt an, bevor er in schallendes Gelächter ausbricht. Godelief wirft ihrem Mann einen warnenden Blick zu. „Da hast du ganz recht, Alwina", sagt sie an ihre Tochter gewandt und sieht dann zu Wiborg hinüber, der neben Alwina sitzt und ein wenig unsicher zum noch immer feixenden Ragin schaut. „Wir freuen uns über deine Hilfe, Wiborg. Und du bist uns sehr willkommen."

Die nächsten Tage sind vom geschäftigen Treiben geprägt. Anselm, Wiborg und Ragin gehen jeden Morgen zum Fischen oder auf die Jagd. Am Nachmittag räuchern sie ihre Beute über einem Feuer hinter dem Haus, um sie haltbar zu machen. Godelief und Alwina mahlen Korn und backen Brot, während Lynn sich um die Tiere und Sonnwinni kümmert. Jeder packt kräftig mit an, damit alles rechtzeitig fertig ist. Schließlich müssen nicht nur die Reisenden ihre Bündel sorgfältig packen, auch für die Zurückbleibenden muss alles vorbereitet werden, damit sie gut alleine zurechtkommen. Immerhin werden Alwina und die Männer viele Tage lang von Zuhause fort sein. Der große Berg liegt am anderen Ende der Insel, eine ganze Tagesreise vom Hof entfernt. Die kleine Hütte, die die Familie bei ihren Aufenthalten dort bewohnt, liegt ganz in der Nähe des Steilhanges, gleich über dem Meer. Anselm und Alwina lieben diesen Ort schon seit ihrer Kindheit. Stundenlang sind sie früher am weißen Strand entlang gelaufen und haben aufs Meer hinaus geschaut. Mehr als einmal haben sie sich dabei gefragt, wie die Welt auf der anderen Seite des Meeres wohl aussehen mag. Denn obwohl sie viel mit ihrem Vater auf Wanderschaft gehen: Die Insel haben sie noch nie verlassen. Aber auch wenn sie ihre Phantasie gerne über die Wellen auf Reisen schickt, verspürt Alwina im Gegensatz zu ihrem Bruder gar nicht das Bedürfnis, das große Wasser tatsächlich zu überqueren. Sie liebt die Insel mit ihren langen weißen Stränden, den steilen Klippen und den weißen Felsen, die sich ins Meer stürzen. Stundenlang kann sie durch die tiefen dunklen Wälder oder über die windumtosten Hügel ihrer Heimat streifen, nach Kräutern suchen und mit den Alben sprechen. Und selbst durch die Moore, die von den meisten Menschen sorgsam gemieden werden, bewegt sie sich mit anmutiger Sicherheit. Denn bei jedem Schritt, den sie tut, spürt Alwina die tiefe Verbundenheit mit der Erde, auf der sie steht. Sie gehört zu dieser Insel wie die Bäume, die hier wachsen. Die können zwar übers Meer in ferne Länder schauen, aber niemals kämen sie auf die Idee, sich ihre Wurzeln auszureißen und dorthin zu wandern.

Anselm kann die Gefühle seiner Schwester gut verstehen. Auch er spürt eine tiefe Verbundenheit mit der Welt, in der er aufgewachsen ist. Manchmal macht ihm der Gedanke, auch nur einen Tag woanders leben zu müssen, sogar Angst. Doch da ist auch etwas anderes: Eine Sehnsucht zu wachsen, mehr von der Welt zu erfahren. Ja, manchmal scheint es Anselm beinahe so, als würde das Land auf der anderen Seite des Meeres nach ihm rufen. In diesen Momenten ist er ganz sicher, dass er eines Tages fortgehen wird. Ein Gedanke, der ihn ebenso sehr mit freudiger Erregung erfüllt wie mit tiefer Angst.

Am Morgen nach der letzten Raunacht verabschiedet sich die kleine Reisegruppe in aller Frühe von Godelief und Lynn. Der kleine Sonnwinni liegt noch in tiefem Schlaf in seinem Körbchen. Nur hin und wieder gluckst er vor sich hin. Vermutlich träumt er von den wilden Tobereien im Schnee, die Wiborg und Lynn in den letzten Tagen zwischen ihren Arbeitseinsätzen mit ihm veranstaltet haben. Am Himmel türmen sich dichte weiße Wolken, aber gestern Abend ist die Sonne mit einem zarten roten Schleier hinter den Hügeln verschwunden und es wird wohl in den nächsten Tagen keinen neuen Schnee geben. Trotzdem haben die Reisenden sich für den weiten Weg in warme Felle gehüllt, die sie über ihrer dicken Wollkleidung tragen. Auch ihre mit Wollwickeln umwundenen Füße stecken in unförmigen Fellstiefeln. Ihr Gepäck, Lebensmittel, Geschirr und Werkzeuge haben die Männer und Alwina unter einem Berg von Decken und Fellen auf dem großen Holzschlitten verstaut, den Anselm und Wiborg nun durch den tiefen Schnee ziehen. Für beide ist es eine besondere Reise, denn auch Wiborg wird zum ersten Mal an der Zeremonie teilnehmen dürfen. In seinem Bündel unter den warmen Fellen hat Anselm den Umhang aus kräftiger dunkelblauer Wolle verstaut, den seine Mutter ihm für diesen besonderen Anlass angefertigt hat. Den Stoff haben Ragin und er von ihrer letzten Reise zur Schiffsanlegestelle mitgebracht; genau wie die schwere Fibel, die Ragin dort für seinen Sohn anfertigen ließ und die dieser beim Fest zum ersten Mal tragen will. Beim Gedanken an die Anlegestelle mit ihrem bunten Markttreiben erfasst Anselm eine Unruhe, die er mittlerweile schon kennt.

Einige der Schiffe, die dort anlegen, kommen von weit her, aus Ländern, die Anselm sich nicht einmal vorstellen kann. Orte, an denen die Sonne immer scheint und die Erde aus Sand besteht. Anselm ist nicht sicher, ob es ein solches Land tatsächlich gibt, aber viele der Seeleute und vor allem ihre Sklaven sind tatsächlich von so dunkler Farbe, dass sie an ein gebratenes, manchmal sogar an ein verkohltes Stück Fleisch erinnern. Das könnte schon daher kommen, dass in ihrem Zuhause die Sonne besonders heiß brennt, denkt Anselm. Aber nicht nur die Menschen, die übers Meer kommen, sind ungewöhnlich, auch ihre Waren sind es. Zarte, bunte Stoffe, glänzender Schmuck und fremdartige Kräuter, deren Duft sich schwer über den Markt legt, werden dort angeboten. Ragin hat Felle, getrockneten Fisch und seine Hornschnitzereien eingetauscht. Aber mehr als die Waren interessiert Anselm die Stimmung, die an diesem ungewöhnlichen Ort herrscht, an dem sich so viele unterschiedliche Völker treffen, um miteinander zu handeln. Ragin hat ihm erklärt, dass die meisten dieser fremdartigen Menschen völlig anders leben als sie selbst und sogar zu anderen Göttern beten. Anselm konnte sich zunächst gar nicht vorstellen, was sein Vater damit meint, doch nun fasziniert ihn dieser Gedanke. Von Ragin hat er einige Wörter in mehreren fremdländischen Sprachen gelernt und er freut sich schon auf die nächste Reise zur Anlegestelle, wo er versuchen will, etwas mehr über die Welt hinter dem Meer zu erfahren. Natürlich kann man auf dem Markt auch Nordmänner treffen; kräftige raue Seeleute mit verfilzten blonden Haaren und kalten blauen Augen, die den Menschen auf der Insel ähnlich sind und deren Sprache Anselm mit etwas Mühe verstehen kann.

Obwohl sie leicht reizbar und rechte Raufbolde sind, fühlt Anselm sich ihnen nahe. Sie sind wie wir und sie beten zu den gleichen Göttern, denkt er. Vermutlich ist auch ihr Land dem unseren ähnlich. Anselm weiß, dass Ulof mehrmals übers Meer zu den Nordmännern gereist ist. Vielleicht hat sich ja dort sein Schicksal erfüllt. „Du bist so still Anselm. Beinahe scheint es, als wären deine Gedanken gar nicht in deinem Körper." Tatsächlich ist als Anselm so in Gedanken versunken, dass er gar nicht bemerkt hat, dass Alwina schon eine ganze Weile neben ihm herläuft. Er wundert sich ein wenig, dass die nicht an Wiborgs Seite geht, lächelt seine Schwester aber freundlich an. „Du hast Recht, ich habe gerade an den Markt an der Anlegestelle gedacht, den Vater und ich vor dem Winter besucht haben. Die Menschen, die dorthin kommen, um mit uns Handel zu treiben, sind oft weit übers Meer gereist. Ich frage mich, ob ich ihre Welt je kennen lernen werde." Alwina schaut zu ihrem Bruder hinüber und ihre Stimme ist ernst, als sie ihm antwortet. „Willst du das denn, Anselm? Von hier fort gehen, um fremde Länder kennen zu lernen. Ich dachte, du willst eines Tages Vaters Platz einnehmen und Verantwortung für die Menschen auf dieser Insel übernehmen. Willst du denn keine Familie? Eine treue Gefährtin an deiner Seite und Kinder?“ Anselm spürt, wie ihm bei Alwinas Worten das Blut ins Gesicht schießt. Noch vor kurzer Zeit wäre seine Antwort eindeutig gewesen: Natürlich hätte er das Abenteuer dem vorbestimmten Leben in seiner Heimat vorgezogen. Doch nun ist er nicht mehr so sicher. Plötzlich sieht er Erjas Gesicht so deutlich vor sich, als liefe sie neben ihm her, und das Herz schlägt ein wenig schneller in seiner Brust. „Ja, vielleicht hast du Recht, Alwina. Ich liebe unsere Heimat und ich möchte möglichst viel von Vater lernen, um ihm eines fernen Tages ein würdiger Nachfolger zu sein. Ich bin ganz sicher, dass dies meine Bestimmung ist. Aber da ist auch noch etwas anderes; etwas, das mich von hier fortzieht. Du weißt, dass es mich schon als Kind übers Meer gezogen hat.“ „Ja, ich weiß.“ Alwina lächelt ihn jetzt voller Verständnis an. „Dein Weg ist gewundener als der unsrige. Aber dein Schicksal erfüllt sich an der Seite deines Volkes. Vielleicht muss die Frau, die dich liebt, ein wenig geduldiger sein als andere.“ Anselm schaut seine Schwester verwundert an. Ihre Worte klingen beinahe wie eine Prophezeiung. Vor allem will er aber gerne wissen, von welcher Frau Alwina redet. Hat sie vielleicht mit Erja gesprochen und weiß, wie es um das Herz der Freundin steht? Doch bevor Anselm seine Gedanken gesammelt hat und seine Schwester zu diesem Thema ausfragen kann, ist sie zu Wiborg hinüber gegangen, der sie mit strahlenden Augen empfängt. Sofort beginnen die Verliebten ein Gespräch und haben keine Augen und Ohren mehr für Anselm. Stattdessen tritt nun Ragin an seine Seite. „Wir kommen gut voran, Junge. Gegen Mittag müssten wir Adalwolfs Siedlung erreichen. Dort können wir uns stärken, bevor wir weiter marschieren.“

Ragin behält Recht: Die Sonne scheint schwach durch die aufbrechenden Wolken, als sie sich dem kleinen Dorf nähern, das in einer sanften Senke liegt und aus vier geräumigen Häusern und einigen Nebengebäuden besteht. Der Bach plätschert am verschneiten Waldsaum entlang, der die Gebäude im Halbkreis umschließt. Die Felder, die die andere Seite des Ortes umgeben, sind völlig unter der hohen Schneedecke verborgen. Da die Reisenden sich der Siedlung von der offenen Seite her nähern, sind sie schon früh entdeckt worden und bei ihrer Ankunft erwartet sie der größte Teil der Dorfbewohner. Adalwolf, das imposante Oberhaupt der Siedlung, nimmt Ragin zur Begrüßung in den Arm. Adalwolf ist nicht nur von überaus kräftiger Gestalt, er überragt die meisten anderen Menschen der Insel auch deutlich. Darüber hinaus machen ihn sein volles rotes Haar und der kräftige Bart unverwechselbar. „Ragin, mein Freund, pünktlich wie jedes Jahr. Wir haben euch bereits erwartet und ein kleines Festmahl bereitet, damit ihr euch stärken könnt, bevor ihr weiter reist."

Adalwolf wendet sich Ragins jungen Begleitern zu und drückt sie nacheinander an seine breite Brust. „Wiborg, mein Junge, was machst du denn bei dieser Gesellschaft? Solltest du nicht erst in ein paar Tagen mit Helmbots Sippe zum Berg aufbrechen?" Adalwolf ist der Bruder von Wiborgs Mutter Runa, und Wiborg gehört damit auch zu seiner Familie. „Da Godelief und Lynn uns in diesem Jahr nicht begleiten können, hat Hadamar uns Wiborg zur Unterstützung mitgeschickt, um den Berg für das Treffen vorzubereiten", erklärt Ragin ernst, aber in seinen Augen sitzt ein Schalk, den Adalwolf durchaus bemerkt. Der große Mann nickt bedächtig und wendet sich Alwina zu, die er zur Begrüßung stürmisch vom Boden hochhebt und so schwungvoll herumwirbelt, dass Wiborg besorgt zu den beiden hinüberschaut. „Sieh an, aus der kleinen Alwina ist ein stattliches Weib geworden“, feixt er durch seinen gepflegten roten Bart. „Was hältst du davon, Ragin, wenn wir deiner Tochter einen anständigen Mann aus meiner Sippe suchen. Ich hätte da durchaus jemanden im Sinn.“ Alwina erkennt den Schalk in Adalwolfs Augen und merkt, dass er einen Scherz macht, aber Wiborg läuft vor Wut und Verwirrung rot an und seine sanften grau-blauen Augen verdüstern sich. Doch bevor er reagieren kann, hat Adalwolf die lachende Alwina wieder auf dem Boden abgesetzt und seinem Neffen einen kräftigen Schlag auf die Schulter versetzt. Nun bemerkt auch Wiborg, dass Adalwolf ihn und Alwina nur necken will und einmal mehr wird ihm klar, dass ihre Liebe längst kein Geheimnis mehr ist. Es wird Zeit, dass ich mit Ragin spreche, denkt er. Sonst müssen Alwina und ich während dem Fest noch so manchen Spott ertragen. In Adalwolfs Hütte werden die Reisenden von dessen Frau Gefion ausgiebig bewirtet und nachdem alle Neuigkeiten ausgetauscht sind, besteht Adalwolf darauf, ihnen den Ochsen zu zeigen, den er mit zum Fest bringen wird. Im vergangenen Jahr ist das Los auf ihn gefallen und so hat er das prächtigste Tier seiner kleinen Herde aussortiert, damit es den Göttern geopfert und beim Fest nach einem strengen Ritual verspeist werden kann. Einige andere Sippen bringen Ziegen mit, die die Gemeinschaft während ihres Aufenthalts mit frischer Milch versorgen. Ragins Gruppe leistet ihren Beitrag, indem sie früher als die anderen aufbricht und den Berg für die Zeremonie vorbereitet. Außerdem wird Alwina sich um diejenigen kümmern, die krank werden oder sich verletzen. Schließlich drängt Ragin zum Aufbruch; Adalwolf und diejenigen seiner Sippe, die diesmal mit zum Berg kommen, werden ihnen in einigen Tagen folgen. Mittlerweile haben sich die Wolken noch weiter gelichtet und die Gruppe zieht in bester Laune durch die verschneite Landschaft. An einem großen See machen sie eine letzte Rast. Von hier aus ist es nicht mehr weit bis zum Berg, und auch der salzige Geruch des Meeres liegt nun schwer in der Luft. Nicht lange nachdem sie den See verlassen haben, erreichen die Wanderer den Ozean. Von einer Klippe oberhalb des verschneiten Strandes aus sehen sie das aufgewühlte Gewässer, dessen stürmische Wellen in einem geheimnisvollen Rhythmus aufs Land schlagen und den dort liegenden Schnee zu bizarren Gebilden zusammenschieben. Sie genießen den Anblick des Schauspiels aber nur eine kurze Weile, denn alle zieht es zu der kleinen Hütte, die Ragins Familie während der Zusammenkünfte am heiligen Berg bewohnt. Es wird nicht mehr lange hell sein und bevor sie ein warmes Nachtlager haben werden, gibt es noch viel zu tun.

Das Gelände steigt steil an und die Männer ziehen den Schlitten nun zu dritt die Steigung hinauf, während Alwina sich einen Teil des Gepäcks auf den Rücken schnürt, um die anderen zu entlasten. Als sie schließlich den Fuß des heiligen Berges erreichen, sind alle außer Atem. Bis zur Hütte ist es nun nicht mehr weit. Sie umrunden den Berg und wenden sich von der untergehenden Sonne ab, bis sie weit unter sich erneut das Meer erkennen können. Die kleine Hütte steht oben auf der bewaldeten Klippe in sicherem Abstand zur Kante und schmiegt sich in eine sanfte Mulde. Dadurch ist sie vor dem stürmischen Wind geschützt, der die Küste so oft umtost. Allerdings hat sich in der Vertiefung so viel

Schnee gefangen, dass nur noch die obere Hälfte des Gebäudes aus dem Weiß herausschaut. Die Männer holen ihr Werkzeug vom Schlitten und legen die Eingangstüre frei. Das Innere der Hütte ist feucht und kalt. Während Alwina den Schlitten entlädt und Anselm mit seinen Flintsteinen, dem trockenen Gras und den kleinen Ästen, die sie mitgebracht haben, ein Feuer macht, befreien Wiborg und Ragin den Rest der Mulde vom Schnee und bessern die Wände der Hütte aus, indem sie Moos in die Ritzen stopfen, die sich seit dem letzten Besuch gebildet haben.

Als sie damit fertig sind, hängt drinnen schon der Topf über dem Feuer, in dem Alwina Fleisch, Wurzeln und Kräuter kocht. Anselm hat aus Decken und Fellen die Nachtlager vorbereitet, auf die sich nun alle freuen, denn nach dem langen Marsch sind sie erschöpft. Nur der Hunger hält sie noch wach. Sie genießen das Mahl, das Alwina ihnen bereitet hat, und sitzen nur noch kurze Zeit zusammen, bevor sich jeder auf sein Lager zurückzieht. Bald ist nur noch der gleichmäßige Atem der Schläfer zu hören. Nur Anselm gehen trotz seiner Müdigkeit zu viele Gedanken im Kopf herum als dass er schlafen könnte. Morgen früh wird er mit seinem Vater zum Berg gehen, um ihn für die Versammlung vorzubereiten. Zum ersten Mal darf er Ragin bei dieser Aufgabe helfen, die schon seit ewigen Zeiten den Männern seiner Familie vorbehalten ist. Anselm weiß, dass er dort etwas Bedeutsames lernen wird. Etwas, das sein Leben verändern wird. Ihm ist bewusst, wie nah er dem Heiligen Berg ist, und er glaubt, dessen Kraft in seinem Körper zu spüren. Kurz bevor er im Traummeer versinkt, streift ihn jedoch ein anderer Gedanke, und vor seinem inneren Auge sieht er das strahlende Lächeln der süßen Erja.

Der Berg

Früh am nächsten Morgen schlüpfen Wiborg und Alwina aus der Hütte und gehen Hand in Hand zur Steilküste. Es ist deutlich kälter geworden und über die Klippe weht ein eisiger Wind. Als sie am Steilhang ankommen, steigt die Sonne gerade über dem Meer empor, auf dem sich große Eisschollen immer dichter an den Strand geschoben und die Wasserlinie weit in den Horizont zurückgedrängt haben. Die Verliebten genießen das Schauspiel eng umschlungen. „Ich werde noch heute mit deinem Vater reden. Wenn wir von der Versammlung zurück sind, will ich dich als meine Frau zu mir nehmen." Alwina blickt mit sanftem Lächeln zu Wiborg auf. Sein Vater war ein Bruder von Hadamar und seit er gestorben ist, wohnen Wiborg und seine Mutter Runa in dessen Siedlung. Doch Wiborg und Alwina sind sich einig, dass sie künftig auf dem Hof von Ragin leben wollen. Sie wollen sich zunächst die kleine Hütte herrichten, die Ragin und Godelief einst bewohnten, bevor die Familie immer größer wurde und sie in Ulofs Haus umzogen. Später wollen sie dann ein geräumigeres Haus bauen, in dem auch Runa Platz haben wird. Wiborg hofft, dass Alwinas Familie keine Einwände gegen ihre Pläne hat. Besonders jetzt, wo es so aussieht, als wolle auch Anselm sich schon bald eine Frau nehmen, könnte es auf dem Hof vielleicht zu eng werden. Doch Alwina lacht nur über die Sorgen, die Wiborg sich macht. Rund um ihren Hof gibt es genügend Platz für alle, und Vater und Mutter werden froh sein, dass ihre Tochter nicht zu Wiborg und Runa in die Siedlung ziehen will. Schließlich ergänzt ihr Wissen um die Heilkraft der Kräuter Ragins und Anselms magische Kenntnisse. Alwina hat vieles von ihrer Mutter gelernt, aber alle wissen, dass sie Godelief längst überflügelt hat. Das hat sie den Alben zu verdanken, mit denen sie genauso in Kontakt steht wie einst ihre Großmutter Ingrun, die eine große weise Frau ist und sich vor langer Zeit ganz allein in eine Wohnhöhle mitten im tiefsten Wald zurückgezogen hat. Den meisten Menschen hätte ein solches Leben Angst gemacht und sie betrachten Ingrun mit einer Mischung aus Ehrfurcht und Grauen. Doch obwohl Alwina die alte Frau seit langem nicht mehr gesehen hat, versteht sie ihre Großmutter gut. Ja, bevor sie ihre Gefühle für Wiborg entdeckte, hat sie manchmal geglaubt, dass es ihre Aufgabe sei, Ingruns Platz einzunehmen, und der Gedanke, irgendwann selbst in der Waldhöhle zu leben, hatte für Alwina durchaus seinen Reiz.

Doch offenbar haben die Götter anderes mit ihr vor, denn Alwina zweifelt keinen Augenblick daran, dass ihr Leben an Wiborgs Seite einem höheren Plan folgt. Als die beiden Hand in Hand zur Hütte zurückkehren, sind Ragin und Anselm ebenfalls erwacht, doch keiner verliert ein Wort über die Vertrautheit zwischen dem Paar. Während Alwina im Topf über dem Feuer Schnee schmilzt und mit Getreide, Nüssen und getrockneten Beeren zu einem Brei vermischt, packen ihr Vater und ihr Bruder all die Dinge in ihr Bündel, die sie heute brauchen werden. Nach dem Essen wandern Ragin und Anselm durch den hohen Schnee Richtung Berg davon. Alwina und Wiborg brechen ebenfalls auf, um unter der Schneedecke noch einmal nach Kräutern und Wurzeln zu suchen. Später wollen sie die Hütte weiter ausbessern. „Heute werde ich dich auf diesen Ort und das Ting vorbereiten, Anselm. Und genau wie mein Vater es mir beigebracht hat, werde ich dir zeigen, wie wir den Berg auf das Ting vorbereiten müssen. Du wirst heute viel lernen und ich bin glücklich, dass ich dir dieses Wissen nun endlich weitergeben kann." Anselm beobachtet seinen Vater aufmerksam, während sie dem Berg immer näher kommen. Auch er freut sich auf diese Lehrstunde, aber er ist so aufgewühlt, dass er keine Worte für seine Gefühle finden kann. Doch Ragin scheint auch gar keine Antwort zu erwarten. Er weiß genau, wie ich mich fühle, denkt Anselm erstaunt. Erst als sie den Fuß des heiligen Berges erreichen, spricht Ragin wieder. „Wir werden von Norden über Osten nach Süden um den Berg wandern und ihn dann von Westen her betreten. Dort erwartet uns der Hüter der Schwelle." Anselm weiß nicht, was Ragin damit meint, aber er lässt sich von seinem Vater führen. „Wer ist der Hüter der Schwelle?", fragt er schließlich. Ragin schaut ihn lächelnd an, aber er antwortet mit tiefem Ernst: „Es ist Heimdall, Gott des Lichts und Wächter über die anderen Welten. Er braucht weniger Schlaf als ein Vogel und er sieht bei Nacht ebenso gut wie am Tag. In Asgard hütet er die Brücke des Regenbogens und wir betrachten ihn als den Hüter der heiligen Haine. Wenn du ihn erkennst, kannst du auch den Berg spüren. Wer ihn nicht erkennt, läuft nur über einen bewaldeten Hügel. Es gibt viele Menschen, die einen heiligen Ort betreten, ihn aber nicht spüren können. Für diese Leute sind auch die Rituale nur leere Hüllen, an denen sie nicht wachsen können." Anselm fühlt die tiefe Wahrheit in Ragins Worten, auch wenn er dieses Wissen noch nicht richtig fassen kann.

Die beiden Männer haben den Berg umrundet und kommen nun an eine Stelle, an der sich eine schmale Öffnung nach wenigen Schritten zu einem kleinen Platz erweitert. Ragin bleibt an einer gewaltigen Eiche stehen und holt verschiedene Kräuter aus seinem Beutel, die er dem Baum zu Füßen legt. „Hier spürst du den Hüter der Schwelle. Gib dich einfach deinen Gefühlen hin und versuche, mit dem rechten Ohr zu hören. Nimm einfach alles so hin, wie du es empfindest. Sei dir nur bewusst, dass du heiligen Boden betrittst. Unsere Messer lassen wir hier zurück, der Berg duldet keine Waffen. Später werden wir die Messer als Werkzeuge benutzen, aber das ist dann etwas anderes." Die beiden Männer betreten den runden Platz. Ragin führt Anselm zu einem Baum am Rand der Lichtung. Auf dem Weg hierher sind sie teilweise bis zu den Knien im Schnee versunken, doch hier auf dem Berg ist die Schneedecke wesentlich dünner. Sogar die aus Baumstämmen gestalteten Stufen, die bis zum Gipfel führen, sind deutlich zu erkennen.

Anselm besinnt sich auf Ragins Worte und konzentriert sich auf seine Empfindungen. Dann folgt er seinem Vater zur Treppe. Ragin geht erst zur linken und dann zur rechten Seite. Gemeinsam schieben sie den Schnee von den Stufen. In der Mitte der Treppe bleibt Ragin auf einem schmalen Podest stehen, dreht sich um und verstreut noch einmal seine Kräuter. Dabei beobachtet er Anselm, doch der empfindet hier nichts Außergewöhnliches und fürchtet schon, etwas falsch gemacht zu haben. Doch Ragin lächelt ihm freundlich zu und gemeinsam steigen sie die Treppe ganz nach oben. Auf der obersten Stufe bleiben sie erneut stehen und blicken über eine weitere Lichtung. Was für ein großartiger Platz das ist, denkt Anselm. Früher hat er oft hier gespielt, doch heute kommt ihm der Ort verändert vor. Ehrwürdig und voll geheimer Kraft. Er spürt Ragins Hand an seinem Rücken; der Vater schiebt ihn sanft nach vorne. Am liebsten würde Anselm mitten über den Platz laufen und auf die Spuren zurückblicken, die er im unberührten Schnee hinterlassen hat. Doch etwas lässt ihn zögern. Nach links möchte Anselm nicht gehen, also wendet er sich nach rechts und umrundet den Platz langsam. Ragin folgt ihm schweigend. Während sie den Platz Schritt für Schritt umrunden, stellt Anselm erstaunt fest, dass er an manchen Stellen des Weges das Bedürfnis hat zu verweilen, andere Abschnitte ihn dagegen regelrecht weitertreiben.

Als sie wieder bei der Treppe ankommen, blicken Vater und Sohn einen Augenblick auf den unteren Platz hinunter. Dann steigt Ragin hinab und Anselm folgt ihm. In der Mitte der Treppe bleibt Ragin noch einmal stehen und dreht sich zu Anselm um. Schweigend beobachtet er seinen Sohn, dann steigen sie gemeinsam die letzten Stufen hinunter. Sie verlassen den Berg auf dem gleichen Weg, auf dem sie ihn betreten haben. Erst jetzt spricht Ragin wieder zu Anselm. „Wir werden uns heute Abend über unseren Rundgang unterhalten. Ich bin sehr zufrieden mit dem, was ich gesehen habe. Aber jetzt wollen wir uns an die Arbeit machen und die Plätze und den Wald für das Ting vorbereiten. Weiter unten schneiden wir uns Besen und fegen zunächst die Treppe ordentlich frei. Du kannst dein Messer jetzt wieder einstecken." Als Anselm nach dem Messer greift, hat er das Gefühl, vom Wächter des Berges beobachtet zu werden. Doch er fühlt sich dabei nicht unwohl. Nachdem sie geeignete Besen gefunden haben, kehren sie zur Treppe zurück und fegen sie in ihrer ganzen Breite frei. Der Schnee ist locker und nicht allzu hoch, so geht ihnen die Arbeit leicht von der Hand. Oben angekommen, schaut Anselm sich noch einmal genau um und spürt eine tiefe Verbundenheit mit dem Berg, die er bisher nicht kannte. Ragin hat ihm erklärt, dass der Platz vom Rand her völlig frei geräumt werden muss. Anschließend sollen auch die kleinen Büsche und Bäume weichen, die in den letzten Monaten in dem Rund gewachsen sind. „Es ist unsere Aufgabe, den Berg so zu erhalten, wie wir ihn seit alters her kennen“, hat Ragin ihm erklärt, und Anselm macht sich mit Feuereifer an die Arbeit. Er empfindet es als große Ehre, das Heiligtum erhalten zu dürfen. Und er genießt die Möglichkeit, den Berg alleine, ohne die Mitglieder der anderen Sippen, entdecken zu können. Als sie ihre Arbeit beendet haben, steht die Sonne bereits hoch am Himmel. „Es wird Zeit, zur Hütte zurückzukehren, Alwina wird schon ungeduldig auf uns warten“, warnt Anselm seinen Vater. Ragin lacht. „Ich glaube nicht, dass sie und Wiborg sich ohne uns langweilen, Junge. Aber du hast Recht. Wir sollten etwas essen. Hier werden wir später weitermachen.“

In der Hütte ist es warm und über dem Feuer hängt ein Topf mit köstlich duftender Suppe, zu der Alwina Brot geröstet hat. Gemeinsam mit Wiborg hat sie außerdem die letzten undichten Stellen in den Wänden gestopft und die kleine Hütte aufgeräumt und mit Tannenzweigen verziert. Zwischen ihr und Wiborg gibt es eine neue Nähe, die sogar Anselm bemerkt. Erstaunt stellt er fest, dass die beiden sich wie Mann und Frau verhalten – auch wenn er nicht genau sagen kann, wie sich das genau ausdrückt. In jedem Fall ist jede Befangenheit zwischen ihnen verschwunden, und auch Anselm scheint es plötzlich selbstverständlich, dass sein Freund und seine Schwester zusammen gehören. Als Wiborg Ragin nach dem Essen einen kurzen Spaziergang zur Klippe vorschlägt, ist allen klar, was er auf dem Herzen hat. Und als die beiden zurückkehren, weiß jeder, dass Alwina bald Wiborgs Frau sein wird, ohne dass einer darüber ein

Wort verlieren muss. Schließlich wird es Zeit, wieder zum Berg zurückzukehren. „Alwina und Wiborg werden uns diesmal begleiten“, erklärt Ragin Anselm. Gemeinsam werden wir den Mondkreis flechten. Von jetzt an werde ich dich und Wiborg gemeinsam in die Geheimnisse des Berges einweisen. Sein Onkel Adalwolf und ich sind uns einig, dass es auch für Wiborg Zeit wird, sich auf seine Aufgabe als Adalwolfs Nachfolger vorzubereiten.“

Diesmal geht Ragin nicht auf direktem Weg zum Berg, sondern führt die jungen Leute zunächst zu einer kleinen Gruppe von Weidenbäumchen. „Wir brauchen schöne, gerade Weiden als Stützen“, erklärt er. „Sie müssen etwa daumendick sein. Ein Teil dieser Stäbe sollten mannshoch sein, die anderen werden immer kürzer. Anselm und ich werden uns darum kümmern. Ihr, Wiborg und Alwina, müsst dünnere Zweige schneiden, mit denen wir einen Zaun flechten können.“ Schnell haben sie genug Weiden geschnitten und machen sich auf zum Berg. Wieder nähern sie sich von Norden, gehen dann nach Osten, Süden und nach Westen, bevor sie zum Eingang kommen. Im Stillen grüßt Anselm den Hüter der Schwelle. Auch Ragin hält kurz inne. Die gut gelaunte Alwina hingegen nimmt kurzerhand eine Abkürzung und steuert auf eine Ecke des unteren Platzes zu. „Ich weiß schon, wo der Mondkreis aufgebaut wird, ich zeige es euch.“ Tatsächlich befindet sich an der Stelle, die Alwina aussucht, ein Kreis, der durch faustgroße helle Steine gekennzeichnet ist. „Das ist Fullas Platz“, erklärt Ragin den beiden jungen Männern. „Fulla ist die Schatzhüterin und die Göttin der Fülle. Eigentlich sollten wir ihr eine Korngarbe hierher stellen. Sie steht in direkter Verbindung zum Mond und seinen Erscheinungen. An diesem Ort finden wir sehr tiefe Gefühle; hier können wir unseren geheimsten Wünschen und verborgensten Träumen begegnen."

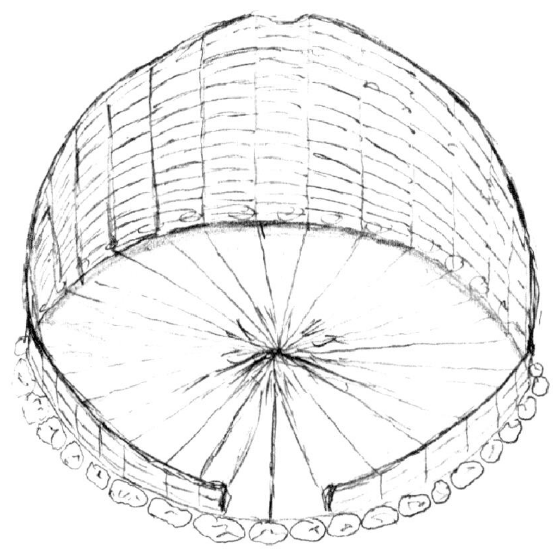

Abb. 2: Fulla

Alwina und Wiborg schauen sich sanft an und Anselm muss unwillkürlich an Erja denken. „Es ist wichtig, dass man Wünsche und Träume hat", fährt Ragin fort als habe er nichts bemerkt. „Nicht alle Träume werden Wirklichkeit. Aber es ist sehr hilfreich, wenn man in seinen Träumen eine andere Wirklichkeit leben kann." Anselm und Wiborg können nicht richtig einordnen, was Ragin damit meint. Nur in Alwinas großen blauen Augen zeigt sich ein tiefes Verständnis für seine Worte. Doch Ragin weiß, dass auch die anderen sich erinnern werden, wenn das Schicksal sie in eine Situation führt, in der sie dieses Wissen brauchen. Er hält sich deshalb nicht mit weiteren Erklärungen auf, sondern gibt Anweisungen zum Bau des Mondkreises. „Wir werden den Kreis in 29 Abschnitte teilen, denn so viele Tage braucht der Mond, um zu seinem Ausgangspunkt zurückzukehren. Bei seiner Wanderung nimmt er zunächst immer weiter zu, bis er kreisrund ist und sich dann wieder verkleinert. Diesen Lauf symbolisiert unser Kreis. Doch bevor wir anfangen ihn aufzubauen, will ich euch noch etwas über den Mond erklären: Er hat nämlich großen Einfluss auf die Menschen. Wenn wir ihn beobachten, können wir spüren, wie auch unsere eigenen Kräfte zu und abnehmen. Mit seiner Hilfe kann man viel bewirken. Alwina weiß das bereits aus ihrer Arbeit mit den Kräutern und den Gesprächen mit den Alben."

Ragin nickt seiner Tochter lächelnd zu und auch die anderen schauen die junge Frau bewundernd an. Anselm weiß, dass Alwina eine geschickte Heilerin ist, aber ihm war bis jetzt nicht klar, über welch tiefe Kenntnisse und Kräfte sie bereits verfügt. Ohne Zweifel wird sie einst eine weise Frau sein, die viel Gutes für die Menschen auf der Insel bewirken kann. „Wer sich die Kraft des Mondes zunutze machen will, muss aber aufpassen, dass der Mond nicht ihn beherrscht", warnt Ragin. „Schon viele Unvorsichtige gerieten in seinen Bann. Sie wurden wankelmütig und launisch, waren von ihm abhängig und konnten irgendwann ihre täglichen Arbeiten nicht mehr verrichten. Es ist sehr schwierig, jemanden aus diesem Zustand wieder herauszuholen." Anselm muss an Hadamar denken, den der Mond an den Rand des Todes getrieben hat. Mit großem Respekt läuft er im

Mondkreis umher und erforscht seine Gefühle, die er noch nicht eindeutig beschreiben kann. Wiborg tut es ihm gleich; nur Alwina ruht völlig in sich selbst und genießt die Magie des Platzes sichtlich. Dann wird es Zeit, den Kreis aufzubauen. Ragin hat die starken Äste ihrer Größe entsprechend den verschiedenen Steinen im Kreis zugeordnet. Gemeinsam bohren sie das Holz so tief in die Erde, dass ein stabiles Gerüst entsteht. Obwohl sie ihre Messer zu Hilfe nehmen, ist das auf dem gefrorenen Boden kein leichtes Unterfangen. Doch schließlich haben sie es geschafft, und Alwina beginnt, die Stämme mit den dünnen Ästen zu verflechten. Am Ende ähnelt der Mondkreis einer runden Weidenhütte, die zu beiden Seiten des „Eingangs" immer größer wird. Als das Geflecht fertig ist, stellt Anselm sich in seine Mitte und fühlt sich ausgesprochen wohl.

Lange kann Anselm den Mondkreis jedoch nicht genießen, dann treibt Ragin die Gruppe lachend zur nächsten Station des Berges. „Kommt Kinder, vor uns liegt noch eine Menge Arbeit." Ragin nimmt seinen Besen und beginnt, damit einen Platz nahe der Treppe freizulegen. Nachdem die anderen ihm zu Hilfe geeilt sind, kommen schnell drei hüfthohe Findlinge zum Vorschein. „Das sieht ja schon ganz passabel aus", meint Ragin gut gelaunt. „Jetzt fehlt nur noch die Deckplatte." Die findet Anselm kurz darauf ein paar Schritte von den Steinen entfernt. Nachdem auch sie vom Schnee befreit ist, beginnt der schwierige Teil der Arbeit, denn die schwere Platte muss auf die Findlinge gehievt werden. Die Männer heben eine Seite des massigen Steines an und ziehen ihn Stück für Stück zu den Findlingen. Schließlich lehnen sie die Platte an einen der Steine an. Ragin hat bereits zwei dünne Baumstämme bereit gelegt, die als Hebel dienen und mit Alwinas Hilfe gelingt es ihnen schließlich, die steinerne Decke über die drei Pfeiler zu schieben. Nachdem sie ihr mühevolles Werk beendet haben, stützen Wiborg und Alwina sich schwer atmend an einem Baum ab, während Anselm sich voller Übermut auf den „Steintisch“ schwingt und hinsetzt. Allerdings dauert die Pause in luftiger Höhe nicht allzu lange, denn nach wenigen Augenblicken lässt Anselm sich irritiert zu Boden gleiten. „Das ist aber nicht besonders gemütlich da oben“, beschwert er sich. „Da gefällt mir die Mondhütte wesentlich besser.“ Ragin geht schmunzelnd zur anderen Seite der Treppe. Wiborg folgt ihm, während Alwina sich auf die Suche nach Wurzeln und Kräutern macht, die sie für die Abendmahlzeit verwenden will. Nur Anselm bleibt zurück und schaut vorsichtig unter den Steintisch. Als er dort oben saß, hatte er sehr deutlich das Gefühl, in Gefahr zu sein. So, als ob ein gefährliches Tier unter der Platte hocke und nur darauf warte, dass es ihn zu packen bekommt. Doch es ist nichts zu sehen. Also folgt Anselm den anderen und wendet sich an Ragin. „Vater, was hat es mit dem Steintisch auf sich? Er ist mir nicht geheuer. Fühle ich das richtig?“ „Du hast Recht, Junge. Dort sitzt Nidhöggr, der Totendrache. Ich werde euch später erklären, was es damit auf sich hat. Jetzt müssen wir erst mal die zehn Steinplatten suchen, die hier irgendwo unter dem Schnee verborgen sind.“

Es dauert nicht lange, dann haben Ragin und seine jungen Helfer neun Vierecke mit gleichen Seiten frei gelegt, die zusammen ein zehntes Viereck ergeben. Die einzelnen Platten sind aus hellen und dunklen Kieseln gelegt und so angeordnet, dass sich immer hell und dunkel abwechseln.

Abb. 3: Nidhöggr

Allerdings gibt es in dem Gebilde Unregelmäßigkeiten, so als würden Steine fehlen. „Dort wo ihr die Lücken seht, werden wir später Sand auffüllen. Dann ergeben sich Linien, die den Weg über die Steine weisen", erklärt Ragin. „Nun seht mal zu, dass ihr fertig werdet", ruft Alwina vom Zugang des Platzes her, während sie auf die Männer zustapft.

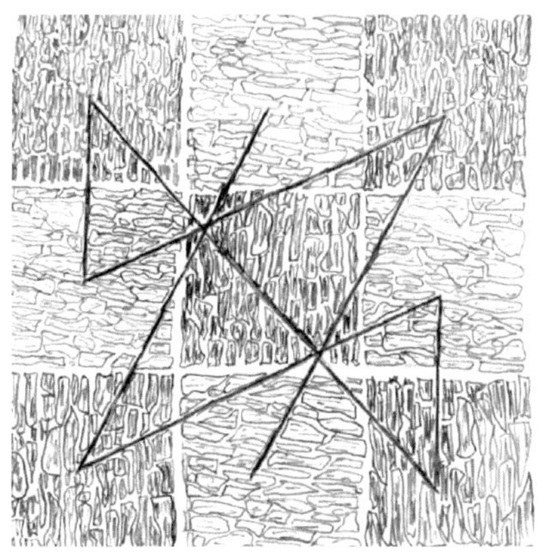

Abb. 4: Loki / Hel

Ihr Beutel ist voll mit Wurzeln und Kräutern und sie hat unter dem Schnee sogar einige Beeren gefunden. „Wir müssen bald zur Hütte zurück. Ihr müsst noch Holz spalten, damit wir heute Nacht nicht frieren. Und Hunger habt ihr doch bestimmt auch?" „Du hast Recht, Alwina", pflichtet Ragin ihr bei. „Wir packen zusammen und brechen auf. Ich könnte jetzt gut einen heißen Kräutertee gebrauchen." Als sie an der Hütte ankommen, kümmert Alwina sich ums Essen und die Männer brechen mit Äxten und Beilen zum Holzhacken auf. In der Nähe der Hütte gibt es viele Birken, die leicht zu bearbeiten sind und sofort verfeuert werden können. „Im Herbst müssen wir unbedingt einen größeren Holzvorrat anlegen", nimmt Ragin sich vor. „Und die Hütte muss auch gründlich instandgesetzt werden. Das erledigen wir am besten im Sommer. Dann können Godelief, Lynn und Sonnwinni auch mitkommen." Einen Moment denkt Ragin voller Sehnsucht an den Teil seiner Familie, den er zu Hause zurückgelassen hat. Doch dann fordert die Arbeit wieder alle seine Sinne. Gemeinsam tragen sie schließlich die gefällten Stämme zur Hütte, um sie dort zu zerkleinern. „In den nächsten Tagen werden wir noch viel Holz für das große Feuer an der Steilküste schlagen müssen", erklärt er den Jungen. „Bei Halbmond werden viele Familien von See her zu uns stoßen, deshalb muss immer ein Feuer brennen, das ihnen den Weg weist." Überrascht schauen Anselm und Wiborg ihn an. Schließlich gibt es auf den Berg noch jede Menge zu tun und auf diese Arbeit haben sie sich gefreut. Nun sieht es so aus, als sollten sie in den nächsten Tagen Unmengen von Holz herbeischaffen. „Macht euch keine Sorgen", lacht Ragin. „Bei dieser Arbeit werden uns die anderen Sippen helfen. Die ersten kommen schon in drei Tagen. Bis dahin haben wir den Berg fertig vorbereitet und für uns wird es ein wenig ruhiger.“ Erleichtert folgen Anselm und Wiborg dem noch immer lachenden Ragin in die Hütte. Nach dem Essen hacken die Männer weiter Holz, bis es dunkel wird. Dann setzten sich alle um das gemütliche Feuer in der Hütte. Anselm hofft, dass Ragin ihnen noch mehr über die Stationen des Berges erklären wird, die sie heute freigelegt haben. Doch sein Vater überrascht ihn mit einem ganz anderen Thema. „Morgen früh werden wir gemeinsam zu Nordger wandern. Im letzten Sommer hat er mich gebeten, ihm auf dem Markt am Anlegesteg ein neues Langmesser zu besorgen, und das habe ich getan. Es ist ein schönes Werkzeug und er wird sich freuen, es zu bekommen. Und wir können mal wieder richtig viel Fisch essen.“ Nordger ist der einzige Fischer in der Nähe des heiligen Berges. Er lebt gemeinsam mit seiner Frau in einer Hütte am anderen Ende der Bucht, ganz in der Nähe des Strandes. Aber jetzt im Winter fischt er meist im nahegelegenen See, indem er ein großes Loch ins dicke Eis schlägt. Auf dem Meer wäre das viel zu gefährlich, denn dort ist das Eis tückisch und kann leichtsinnige Wanderer regelrecht verschlucken. Das hat Nordger Alwina und Anselm erklärt, als sie im letzten Sommer mit ihm hinaus gefahren sind. Beide erinnern sich noch gut an dieses spannende Abenteuer und freuen sich deshalb auch sehr auf den Besuch.

Am nächsten Morgen machen sich die Vier schon früh auf den Weg. Sie marschieren geradewegs nach Süden und finden einen schmalen Weg, der sie zum verschneiten Strand hinunter führt. Es dauert nicht lange und sie sehen die mit Schilf gedeckte Hütte auf einer kleinen Anhöhe unterhalb des Steilufers. Nordger steht vor der Tür und sortiert seine Angeln und Netze. Er ist groß und hager und das schüttere lange Haar flattert in der frischen Brise wie ein grauer Schleier um seinen Kopf, aber sein Wetter gegerbtes Gesicht zeugt von enormer Zähigkeit. Die Besucher hat er schon von weitem gesehen und wartet nun geduldig auf ihre Ankunft. „Na, ihr habt euch zwar vermehrt, aber trotzdem seid ihr diesmal eine ziemlich kleine Familie.“ Ragin umarmt den alten Fischer herzlich. „Ja, du hast Recht“, lacht er. „Wir werden immer mehr und trotzdem sind wir diesmal nur wenige.“ „Ich hab´ schon gehört, dass ihr Nachwuchs bekommen habt, und deshalb seid ihr wohl auch nur mit der halben Familie hier. Aber dafür leistet Wiborg euch Gesellschaft, wie ich sehe.“ Auf seine herzlich-raue Art drückt er nun auch Alwina und die jungen Männer an seine hagere Brust. Dann geht er voran in die kleine Hütte, aus der den Reisenden wohlige Wärme und der Duft einer köstlichen Mahlzeit entgegenschlägt. „Sieh Kaija, unser Besuch ist da“, ruft Nordger, kaum dass er die Tür aufgestoßen hat. Seine Frau rührt noch einmal in dem großen Kessel, der viel versprechend über dem Feuer schaukelt und kommt dann schnell herbei, um die Gäste zu begrüßen. Kaija ist klein und wirkt zerbrechlich, aber das täuscht. Ihr graues Haar hat sie im Nacken zu einem Knoten gebunden und ihre hellen blauen Augen strahlen aus einem Gesicht, das auch im Alter noch seine frühere Schönheit verrät. Ihre Umarmung ist sanft, aber kräftig, und jede ihrer Bewegungen verrät die Energie, die in dieser kleinen Person steckt. „Wir sind froh, euch bei so guter Gesundheit zu sehen“, meint Ragin erleichtert, denn er weiß, dass die beiden Alten die meiste Zeit des Jahres ganz alleine hier draußen leben und manches Mal hat er in den letzten harten Winterwochen voller Sorge an seine Freunde gedacht. Kaija scheint seine Gedanken zu erraten. „Ach, mach dir um uns keine Sorgen. Wir gehören zu dieser Küste wie das Meer und der Strand. Wir kommen schon zurecht, auch wenn wir nicht mehr die Jüngsten sind.“ Nordger ist der Auffassung, dass es dazu nichts mehr zu sagen gibt und wechselt das Thema. „Kommt, wir wollen uns setzen, während Kaija uns ihre Fischsuppe serviert. Wir haben eure Spuren schon vor zwei Tagen entdeckt und wussten deshalb, dass ihr uns bald einen Besuch abstatten würdet. Wie immer seid ihr rechtzeitig hier, um das große Ting vorzubereiten. Auf dich kann man sich genauso verlassen, wie man es auf deinen Vater konnte, Ragin. Und ich bin sicher, Anselm wird dir eines Tages ein ebenso würdiger Nachfolger sein.“ „Ja“, antwortet Ragin gut gelaunt. „Er lernt schnell und ich bin sehr stolz auf ihn. Tatsächlich glaube ich sogar, dass er eines Tages ein viel besserer Heiler sein wird, als ich es je war.“ Anselm ist das Lob seines Vaters ein wenig peinlich, aber es macht ihn auch sehr stolz. Zum ersten Mal hat Ragin vor anderen Menschen über das große Vertrauen gesprochen, dass er in seinen Sohn setzt. „Aber was machen eure Söhne“, will Ragin nun von seinen Gastgebern wissen. „Sie sind mit ihren Familien weiter nach Norden gezogen“, erklärt Nordger. „Sie haben sich etwa eine halbe Tagesreise von hier niedergelassen. Sie kommen uns oft besuchen und wir freuen uns immer über unsere Enkel. Sie sind jetzt auch schon ziemlich groß, gerade so am Übergang vom Kind zum Mann. Ehrlich gesagt, hoffen wir, dass einer von ihnen unsere Hütte übernehmen wird, wenn wir mal nicht mehr leben.“ Kaija serviert ihre köstlich duftende Fischsuppe und frisch gebackenes Brot. Dann spricht Nordger weiter. „Wisst ihr, es ist hier längst nicht mehr so einsam wie früher. Immer häufiger kommen Menschen zum Berg, auch außerhalb der Versammlungszeiten. Darunter sind oft Fremde, die wir noch nie in dieser Gegend gesehen haben. Sie holen bei uns Fisch und davon können wir ganz gut leben. Ja, der Berg zieht die Menschen an. Sie kommen, weil sie tief in ihrem Innern wissen, dass die Götter diesen Platz lieben." Anselm spürt, wie tief ihn diese Worte berühren und er schaut Nordger erstaunt an. Doch für den Alten waren das offenbar genug der Worte, denn er steht auf und verlässt die Hütte. Als er kurze Zeit später zurückkehrt, stellt er einen großen Beutel voller Fisch vor Ragin und setzt sich wieder hin. „Hier, damit ihr euch mal so richtig satt essen könnt." Ragin klopft dem alten Fischer lachend auf die Schulter. „Als hätten wir uns nicht gerade an eurer köstlichen Suppe satt gegessen. Aber ich danke euch, meine Freunde. Wir werden in den nächsten Tagen bestimmt noch manches Mal voller Wohlwollen an euch denken! Doch ich habe auch etwas für dich, Nordger. Hier dieses Langmesser habe ich für dich getauscht. Ich hoffe, es gefällt dir." Ragin zieht das Messer aus seinem Beutel und reicht es zu Nordger hinüber, der ebenfalls wieder aufgestanden ist. Beinahe andächtig hält er das Werkzeug in seinen Händen und sagt kein Wort. Aber ihm ist auch so deutlich anzusehen, wie glücklich er ist. „Da habe ich ja Glück gehabt, dass es deine Gunst findet", feixt Ragin und die beiden Männer schließen sich in die Arme. Die Fischersleute und ihre Gäste sitzen noch eine ganze Zeit zusammen und tauschen Neuigkeiten aus, bevor Ragin gegen Mittag zum Aufbruch drängt. „Jetzt müssen wir aber los, Kinder. Der Berg wartet auf uns. Bis zum Ting müssen wir noch viel erledigen."

Am Eingang zum Berg legt Ragin wieder getrocknete Kräuter ab. Anselm hat diesmal ebenfalls ein Sträußchen dabei, das er dem Hüter der Schwelle zu Füßen legt. Ihre Messer nehmen die drei Männer diesmal mit, denn für ihre Arbeit werden sie sie brauchen. Alwina ist zur Hütte weitergegangen, dort wird sie heute Nachmittag dringender gebraucht als auf dem Berg. Sie will sich um den Fisch kümmern und dafür sorgen, dass das Feuer nicht ausgeht. Außerdem muss sie Getreide mahlen und Brot backen, denn die Vorräte gehen zu Ende. Als Anselm sich Nidhöggr, dem Neiddrachen, nähert, überkommt ihn wieder dieses unangenehme Gefühl. „Vater, du hast uns gestern nicht weiter erklärt, was es mit diesen Steinen auf sich hat. Ich fühle mich in ihrer Nähe überhaupt nicht wohl und würde viel lieber oben weiter arbeiten.“ „Ja“, pflichtet Wiborg dem Freund bei, „mir gefällt es hier unten auch nicht.“ Ragin schaut die beiden forschend an, dann breitet sich ein Lächeln auf seinem Gesicht aus. „Man sieht euch deutlich an, dass ihr diesen Platz nicht sonderlich mögt. Macht euch keine Sorgen, wir können heute oben weiterarbeiten. Aber die Erklärungen müssen bis zum Abend warten. Jetzt wollen wir erst mal sehen, dass wir unsere Aufgaben erledigt bekommen. Der Ausflug zu Nordger und Kaija war gut und wichtig, aber er hat uns auch viel Zeit gekostet.“ Gemeinsam gehen sie die Treppe hinauf und wenden sich nach Osten, in Richtung der aufgehenden Sonne. Nach fünf Schritten bleibt Ragin stehen und fegt den Schnee beiseite. An dieser Stelle sind ähnliche Steinplatten in den Boden eingelassen wie auf der unteren Ebene, nur dass hier der große Gleichseiter in der Mitte fehlt. „Wir brauchen jetzt 24 starke, gerade Stäbe, die genau die Länge einer Innenseite haben. Schaut Euch mal nach geeigneten Ästen um." Es dauert nicht lange, bis Anselm und Wiborg genügend Stäbe zusammengetragen haben, die sie dann auf das richtige Maß zurechtschneiden. Ragin steckt die ersten vier Stäbe an den äußeren Enden des Quadrates in den Boden. Mit den restlichen Stäben verbinden sie diese Pflöcke so, dass ein Würfel entsteht, der an jeder Seite neun Vierecke hat. Ragin betrachtet das Werk zufrieden. „Nun werden wir weitere Stöcke schneiden und das Innere der Figur so auskleiden, dass 27 kleine Würfel entstehen. Zusammen mit dem äußeren haben wir dann 28 Würfel." Anselm, der zunächst mit Feuereifer bei der Arbeit war, spürt eine unbekannte Unruhe in sich aufsteigen. Warum kann Vater ihn eigentlich niemals etwas alleine machen lassen? Immer muss er alles genau vorgeben und ihn beaufsichtigen. Wiborg und er kämen mit dieser Arbeit doch ganz gut alleine zurecht. Verstohlen schaut er zu seinem Freund hinüber, der unruhig neben ihm steht und offenbar genau wie er selbst mit etwas ringt. Nur Ragin scheint die seltsame Stimmung der beiden jungen Männer nicht zu bemerken. „Kommt, lasst uns in der Nähe nach geeigneten Ästen suchen." Gemeinsam entfernen sie sich von dem Würfel und augenblicklich verändert sich Anselms Stimmung. Kopfschüttelnd schaut er seinen Vater an, der ein paar Schritte von ihm entfernt an einem schönen geraden Ast arbeitet. Hatte er tatsächlich noch vor einem Augenblick mit Ärger an seinen Vater gedacht? Jetzt empfindet er nichts als Zuneigung und Achtung für ihn. Anselm fängt Wiborgs forschenden Blick auf und weiß, ohne ein Wort zu sprechen, dass der Freund ähnliche Gefühle hat. Als sie genügend Äste beisammen haben, gehen die drei Männer zurück zum Würfel und sofort werden Wiborg und Anselm wieder von

Missmut überfallen. Nun könnte Ragin sie aber wirklich alleine weiterarbeiten lassen. Vermutlich würden sie dann sogar schneller fertig, denkt Anselm und ist sogleich erschrocken, denn so hat er noch niemals über seinen Vater gedacht. Tatsächlich zieht Ragin sich ein wenig zurück und beobachtet seine jungen Gefährten aus einiger Entfernung. Ohne aufzuschauen arbeiten die beiden zügig an dem Würfel weiter, bis er nach kurzer Zeit fertig ist.

Abb. 5: Loki

Dann kommen Wiborg und Anselm zu dem Älteren hinüber. Wieder dauert es nur wenige Augenblicke, bis sich ihr Zorn gelegt hat. „Ich weiß nicht, was eben mit mir los war, Vater. Aber in der Nähe des Würfels hatte ich sehr unangenehme Gedanken, für die ich mich jetzt schäme", gesteht Anselm. „Ja", pflichtet Wiborg ihm bei. „Mir erging es nicht anders. Ich hatte das starke Bedürfnis, gegen dich aufzubegehren. Jetzt kommen mir diese Gefühle absurd vor, aber eben waren sie ungeheuer stark." Ragin schaut die beiden ernst an, aber sein Blick ist voller Verständnis. Insgeheim ist er sogar sehr erleichtert darüber, dass seine jungen Begleiter so offen über ihre Gefühle sprechen. „Dies ist der Ort des Widerstandes. Hier begehrt man auf und entwickelt eine Kraft, die sich gegen die bestehende Ordnung richtet. Ihr habt das sehr richtig empfunden und ihr müsst euch nicht grämen. Ihr braucht diesen Ort, um euch selbst zu erkennen." Die drei Männer bleiben noch eine Weile stehen und schauen zum Würfel hinüber, während jeder seinen eigenen Gedanken nachhängt. Dann mahnt Ragin zum Aufbruch. „Wir wollen zu Alwina gehen. Für heute haben wir genug gearbeitet und ihr habt eine wichtige Erfahrung gemacht. Das reicht vorläufig."

Als sie in der ersten Dämmerung bei der Hütte ankommen, gibt es dort für sie noch viele Arbeiten zu erledigen. Doch nachdem sie ihre Messer geschliffen, die Beile geschärft, Brennholz gesammelt und Alwinas köstlichen Fischtopf verspeist haben, ist endlich Zeit, über den Berg und seine Geheimnisse zu sprechen. „Du wolltest uns mehr über die Steinsetzung auf dem unteren Platz erzählen" erinnert Anselm seinen Vater. „Ja", lächelt Ragin seinen Sohn an. „Ich bin wirklich froh, dass es euch beiden dort nicht besonders gefallen hat. Und zum Glück habt ihr euch auch nicht in der Mondhütte verkrochen." Anselm und Wiborg schauen sich verwundert an. Tatsächlich haben sie sich in der kleinen Hütte ja ausgesprochen wohl gefühlt. „Ihr erinnert euch doch noch, dass bei der Mondhütte die tiefsten inneren Gefühle eines Menschen auftauchen", erklärt er lachend als, der die ratlosen Gesichter der beiden Jungen bemerkt. Anselm und Wiborg stimmen nickend zu. „Wer seine Wünsche und Träume verwirklichen will, der darf nicht bei ihnen verharren, sondern muss sich auf den Weg machen. Und das geht nur, wenn man nach oben strebt. Ihr geht also zur Treppe, um nach oben zu gelangen, aber unterwegs begegnet ihr Nidhöggr in all seiner düsteren Natur. Seine Heimat ist Yggdrasil, die Weltesche, unter deren Wurzeln er haust. In seiner Gesamtheit stellt auch der ganze Berg den Yggdrasil dar. Und Nidhöggr nagt dauernd an ihrer Wurzel, um der Welt zu schaden. Deshalb liegt er auch in ständigem Streit mit dem Adler, der oben im Wipfel der Weltesche lebt. Dieser Zwist wird von Ratatöskr geschürt, dem Eichhörnchen, das zwischen Wipfel und Wurzel hin und her läuft und die wütenden Botschaften der beiden überbringt. So gibt es auf dem Weltenbaum, aber auch auf dem Heiligen Berg und auf der ganzen Welt einen ständigen Kampf zwischen Gut und Böse. Das wird niemals aufhören, auch wenn wir immer bestrebt sind, ein Gleichgewicht der unterschiedlichen Gefühle, Ansichten und Wünsche herzustellen, indem wir die Gegensätze beruhigen. Trotzdem solltet ihr nicht vorschnell urteilen. Denn die Gegensätze brauchen einander, damit die Welt in ihrer Mitte bleiben kann. Was wäre der Tag ohne die Nacht, das Licht ohne die Dunkelheit, das Gute ohne das Böse?"

Ragin macht eine Pause, um sich zu vergewissern, dass die Jungen seinen Ausführungen folgen können. Als die beiden ihm zunicken und offenkundig voller Spannung auf weitere Erklärungen warten, fährt er erleichtert fort. „Als du dich auf die Steinplatte gesetzt hast, Anselm, fühltest du dich nicht wohl und hast sogar unter den Stein geschaut. Natürlich hast du dort nichts gesehen, aber du hast Nidhöggr in all seiner Bedrohlichkeit gespürt. Und auch dir ging es in der Nähe des Drachens nicht viel anders, Wiborg. Nur dass du dich schneller von ihm entfernt hast. Dann haben wir auf der anderen Seite der Treppe die Steinplatten freigelegt. Auch hier habt ihr euch nicht wohl gefühlt. Das ist auch kein Wunder, denn die Platten markieren den Ort des Zweifels. Es ist der Punkt auf eurem Weg, an dem ihr unsicher werdet. Man hadert mit sich und seinen Zielen und ist geneigt, sein Vorhaben aufzugeben und wieder umzukehren. Dieser Zwiespalt ist auch mit einer großen Traurigkeit verbunden, die einem alle Hoffnung rauben kann. Wer sich in solchen Gefühlen verfängt, wird sie oft nur mit fremder Hilfe wieder los. Wer es alleine versuchen will, der kann sich von den Strichen leiten lassen, die wir auf den Platten gesehen haben. Sie stehen für Loki und Hel. Loki ist ein Gott mit zwei Gesichtern. Zu ihm werde ich euch später noch mehr erzählen, denn wir treffen ihn auf dem oberen Platz wieder. Hel ist seine Tochter und die Herrscherin über das Totenreich."

Wieder schaut Ragin die beiden jungen Männer ernst an und schweigt einen Augenblick, bevor er fortfährt. „Wenn ihr ein Ziel erreichen wollt, müsst ihr euch immer wieder mit diesen Gefühlen auseinandersetzen. Und ihr werdet nur Erfolg haben, wenn ihr euren Zweifeln nicht nachgebt. Jedes Mal, wenn wir in den letzten Tagen den Berg erklommen haben, sind wir auf halbem Weg stehen geblieben und haben zurückgeschaut. Das ist nicht zufällig geschehen. An dieser Stelle lauert die Unsicherheit und man schwankt. Wer sich auf den Weg macht, um seine Wünsche zu verwirklichen, der lässt die Sicherheit des Vertrauten hinter sich. Auf halber Höhe kann man dieses Vertraute noch erkennen, aber das Ziel ist noch nicht in Sicht. Dann kehren die Zweifel zurück, die man eigentlich ja schon überwunden glaubte, als man sich auf den Weg machte. An diesem Punkt ist es wichtig, den Mut nicht zu verlieren und den einmal eingeschlagenen Weg weiterzugehen. Auch wenn er ins Unbekannte führt." Ragin weiß sehr wohl, dass Anselm jedes Mal fest auf dem Boden stand, wenn sie die Mitte der Treppe erreichten und er ist sehr stolz auf seinen Sohn. Bei Wiborg hat er ein leichtes Schwanken bemerkt, aber auch er setzte seinen Weg nach kurzem Zögern entschlossen fort. „Er ist zwar nicht so entschlossen wie Anselm", denkt Ragin, „aber mit Alwina an seiner Seite wird er seinen Weg finden. Wiborg ist ein guter Junge und ich bin stolz, dass er nun zu meiner Familie gehört."

Er lächelt in sich hinein, doch über seine Lippen kommt kein Wort. Auch Anselm und Wiborg hängen ihren Gedanken nach. Beide haben die Gefühle, die Ragin ihnen soeben beschrieben hat, in den letzten Tagen deutlich wahrgenommen. „Wie ist es möglich, dass verschiedenen Orte unterschiedliche Gefühle auslösen können, Vater?", fragt Anselm schließlich. „Dieser Berg ist nicht irgendein Ort, er ist etwas ganz Besonderes. Er ist ein Lebewesen, aber gleichzeitig ist er auch das Bild eines Menschen, einer ganzen Gruppe von Menschen und das der gesamten Menschheit. Und er ist ein Abbild all dessen, was existiert." Ragins Stimme ist ernst, aber in seinen Augen liegt ein sanftes Lächeln. Er weiß genau, was seine Worte in Anselm und Wiborg auslösen. Sie lüften ein wenig den Schleier, der bis dahin vor einer Welt lag, die sie zwar erahnten, von der sie aber nur wenig wussten. Und das Wenige, das sie nun bei ihrem ersten Blick entdecken, bewegt sie bis in die Tiefe ihrer Seele und gibt ihnen eine Ahnung von dem, was noch auf sie wartet. „Du meinst, er bildet die Welt der Menschen und die der Götter ab?“, will Anselm wissen. Ragin schmunzelnd über den zweifelnden Ton in der Stimme seines Sohnes. „Vielleicht gibt es da ja gar keinen so großen Unterschied zwischen diesen Welten. Vielleicht gehorcht der kleinste Wurm den gleichen Kräften wie der mächtigste Gott. Tatsächlich kommen mir die Götter manchmal ziemlich menschlich vor. Schaut sie euch doch mal genau an. Hier auf dem Berg erscheinen sie in unterschiedlichen Gestalten und Formen, die wir als Gefühle empfinden. Wenn ihr hier die Götter erkennt, erkennt ihr euch selbst. Ihr könnt aber in den einzelnen Stationen auch eine Gruppe oder eine Familie wahrnehmen. Denn alles ist nach dem gleichen göttlichen Prinzip erschaffen und aufgebaut. Wer sich selbst erkennt, erkennt die ganze Welt – und umgekehrt.“ Anselm und Wiborg schwirrt der Kopf. In gewisser Weise haben sie alles, was Ragin ihnen erklärt hat, sofort verstanden, Ja, tief in ihrem Innern wussten sie gleich, dass der Ältere sie in ein tiefes Geheimnis einweihte, das ihr Leben für immer verändern würde. Gleichzeitig sind sie völlig erschöpft und unsicher, ob sie irgendetwas von dem Gehörten tatsächlich verstanden haben – und ob sie es auch morgen noch wissen werden. Ragin spürt ihre Verunsicherung und beschließt, die beiden jungen Männer für heute in Ruhe zu lassen. Sie müssen das, was sie gehört haben erst einmal verarbeiten. Vielleicht ist es ganz gut, dass sie zu zweit sind, denkt er. So können sie sich über ihre Gedanken und Gefühle austauschen. „Nun legt euch hin, damit ihr morgen ausgeruht seid. Auf dem Berg wartet noch viel Arbeit auf uns. Ich will mich noch mit Alwina unterhalten. Ich muss sie ein wenig über die Alben ausfragen, denn sie gehört zu den wenigen Menschen, denen sie sich zeigen." Während die Jungen sich auf ihr Lager zurückziehen, geht Ragin zu seiner Tochter hinüber, die sich ans Feuer zurückgezogen hat und dort die Kleidung der kleinen Gruppe ausbessert. Als ihr Vater zu ihr tritt, schaut sie zu ihm auf und lächelt ihn an. Alwina wurde bereits als Kind von ihrer Großmutter in die Geheimnisse der Natur und der Heilkräuter eingewiesen. Und genau wie Ingrun kann sie mit den Alben sprechen. Vieles von dem, was Anselm und Wiborg nun erfahren, weiß sie von diesen Wesen, ohne dass Ragin oder ein anderer Mensch je zu ihr darüber gesprochen hätte. „Ich habe heute Kräuter an einer Stelle gesammelt, die die Alben mir gezeigt haben. Sie werden ganz besonders wirksam sein", erklärt sie, bevor Ragin überhaupt eine Frage gestellt hat. Ragin lächelt Alwina voller Zärtlichkeit an. „Und meine hellsichtige Tochter, haben dir die Alben noch mehr verraten? Ich habe in den letzten Tagen einige Zeichen erkannt, die auf eine große Veränderung hindeuten. Es kann natürlich sein, dass dies nur eine Botschaft für Anselm und Wiborg ist, deren Leben sich durch unseren Aufenthalt hier ganz sicher verändern wird. Aber mein Gefühl sagt mir, dass da noch etwas anderes auf uns zukommt." Ragin schaut zum Lager der beiden Jungen hinüber, die sich leise über das soeben Gehörte unterhalten. Alwina schaut ihren Vater ernst an. „Auch die Alben sprechen von etwas Neuem, das heranzieht. Es ist noch nicht sehr deutlich, aber auch ich glaube, dass es etwas Großes ist, das nicht allein unsere Familie betreffen wird." Einen Moment lang schauen Vater und Tochter sich schweigend an. Dann legt Ragin seinen Arm um Alwina und drückt sie sanft an sich. „Wir werden mehr erfahren, wenn der Höchste Priester hier eintrifft. Doch was immer da kommen mag, wir werden unsere Bestimmung annehmen, nicht wahr Tochter?" Nun lächelt Alwina zu Ragin auf. „Ja, Vater. Das werden wir."

Am nächsten Morgen sind Anselm und Wiborg früh wach. Nachdem sie das Feuer angefacht und den Teekessel gefüllt haben, verlassen sie leise die Hütte und gehen gemeinsam zur Klippe. Versonnen schauen sie aufs Meer, auf dem nur noch vereinzelte kleine Eisschollen über die Wellen tanzen. Keiner von beiden sagt ein Wort und doch fühlen sie sich einander nahe. Als die Jungen zur Hütte zurückkommen, wartet das Frühstück bereits auf sie. „Ah, da seid ihr ja", werden sie freundlich von Ragin begrüßt. „Nach dem Essen müssen wir ein Stück auf der Klippe nach Norden wandern. Dort wachsen die schönsten Weiden und wir brauchen ein paar besonders prächtige Ruten, denn unsere heutige Arbeit soll ein echtes Kunstwerk werden. „Na, dann komme ich wohl besser mit und helfe euch", wirft Alwina lachend ein. „Im letzten Jahr habe ich die Sonne gemeinsam mit Mutter gebaut, und ehrlich gesagt, zweifle ich euer Geschick beim Flechten einer so feinen Arbeit an." Ragin setzt eine empörte Miene auf, muss aber sogleich lachen. „Das ist zwar nicht sehr schmeichelhaft, aber wo sie Recht hat, hat sie Recht. Und ich muss zugeben, dass ich mit dem Sonnenplatz so meine Schwierigkeiten habe. Also werden wir uns um den Untergrund kümmern und überlassen unserer Künstlerin den schwierigen Teil." Als sie später mit den frisch geschnittenen Ruten beim Berg ankommen, holt Alwina die Kräuter und Wurzeln aus ihrem Beutel, die sie gestern mit Hilfe der Alben gefunden hat. „Was hat es mit den Kräutern eigentlich auf sich“, will Wiborg wissen und auch Anselm gesellt sich neugierig zu seiner Schwester, um die Antwort zu hören. „Wenn ihr zu einem heiligen Hain oder Berg geht, nehmt ihr für die Wesen dieses Ortes vier verschiedene Gaben mit: eine Alraunwurzel, Wunschkraut, Beifuß und Wallwurz. Die Alraune ist ein Kind des Albenkönigs und steht für besonderen Mut. Beifuß hilft, die Bitterkeit zu überwinden – viele Menschen gehen zu heiligen Orten, wenn ihr Leben voller Bitterkeit ist, und erbitten Hilfe. Wallwurz ist das Zeichen der Stärke. Er gibt verlorene Kraft zurück und baut neue auf. Wunschkraut ist ein Symbol für Liebe und Erinnerung, aber auch für Dankbarkeit und Pflichtgefühl. Mit diesen Kräutern bringt ihr dem Ort auch die Tugenden dar, für die sie stehen. Die Götter werden dieses Opfer aber nur annehmen, wenn ihr diese Tugenden auch selbst besitzt. Nur dann dürft ihr an der Kraft teilhaben, die dieser Ort besitzt.“ „Woher weißt du das alles, Alwina?“, will Wiborg wissen, der neben der Liebe, die er für die junge Frau fühlt, plötzlich auch eine tiefe Ehrfurcht vor ihr empfindet. Alwina ist nur ein Jahr älter als er, aber sie scheint das Wissen und die Weisheit einer uralten Seele zu besitzen. „Alwina ist die gelehrigste Schülerin ihrer Großmutter gewesen. Und die war eine weise Frau, deren Künste weit über unsere Insel hinaus bekannt waren.“ Ragin ist unbemerkt zu den jungen Leuten getreten und beantwortet Wiborgs Frage. „Die Menschen reisten oft von weit her an, um sich von ihr helfen zu lassen. Es wird wohl nicht mehr lange dauern, bis Alwina ihren Platz einnimmt.“ „Wann ist eure Großmutter gestorben?“, will Wiborg wissen, der noch nie zuvor von der großen Heilerin Ingrun gehört hat. „Wir wissen nicht, ob sie gestorben ist", erklärt Anselm. „Sie hat sich vor langer Zeit in den großen Wald zurückgezogen und lebt dort in einer Höhle bei den Alben. Alwina hat sie früher hin und wieder besucht, um noch mehr von ihr zu lernen. Doch nun haben wir schon viele Monde lang nichts mehr von ihr gehört." „Das stimmt", sagt Alwina. „Sie hat sich immer mehr zurückgezogen. Aber wenn sie tot wäre, wüsste ich es; die Alben hätten es mir gesagt. So wie sie mir manchmal Botschaften von ihr überbringen. Und mach dir keine Sorgen, Wiborg", fügt sie zärtlich hinzu. „Für eine Höhle ist ihre Behausung außerordentlich bequem. Es ist auch eher eine Hütte, die in den Fels gebaut ist; aber sie ist völlig versteckt und kann selbst von Menschen, die schon einmal dort waren, nur unter Schwierigkeiten gefunden werden. Großmutter hat mir nie verraten, warum sie sich an diesen einsamen Ort zurückgezogen hat, nachdem Großvater gestorben ist. Aber ich bin sicher, dass sie einen guten Grund hat. Vielleicht können wir sie ja mal gemeinsam besuchen. Die Alben können sie fragen, ob sie dich kennen lernen will. Aber jetzt sollten wir uns vielleicht erst mal um die Sonne kümmern."

Während Ragin und Anselm den kreisrunden Platz mit der etwa Hand hohen Steinsetzung freilegen und ausbessern, beginnen Alwina und Wiborg mit dem Flechten der großen Sonnenkugel – wobei Alwina sich um das filigrane Flechtwerk kümmert und Wiborg ihr passende Weidenruten schneidet und anreicht. Wiborg hätte gern mehr über Alwinas geheimnisvolle Großmutter gewusst, doch er spürt, dass dies nicht der richtige Zeitpunkt ist, danach zu fragen. Alwina wird ihm mehr erzählen, wenn sie es für richtig hält. Obwohl die beiden ihre Arbeit schweigend verrichten, sind sie sich sehr nahe. Ihre Gesten verraten eine zärtliche Vertrautheit und wenn ihr Blick sich begegnet, was sehr häufig geschieht, strahlt er Wärme und eine tiefe Verbundenheit aus. Ja, Wiborg hat das deutliche Gefühl, dass ihre Liebe noch inniger geworden ist. Obwohl er immer glaubte, Alwina ganz und gar zu kennen, hat er in den letzten Tagen eine aufregende und geheimnisvolle Seite an ihr kennen gelernt, die ihm bis dahin niemals bewusst aufgefallen ist. Erst jetzt, im Nachhinein, erinnert er sich an kleine Begebenheiten und Äußerungen, die er früher nicht einordnen konnte und deshalb einfach übersehen hat. Beinahe schämt er sich ein wenig dafür, dass er so blind gewesen ist, die große Kraft und das Besondere an Alwina bisher übersehen zu haben. Gleichzeitig ist er unglaublich stolz, dass ausgerechnet er das Herz dieser schönen, klugen und warmherzigen Frau gewinnen konnte. Doch womit habe ich sie eigentlich verdient, fragt Wiborg sich plötzlich. An mir ist nun wirklich nichts Ungewöhnliches. „Glaube niemals, dass du meiner nicht wert bist, Wiborg." Verblüfft schaut der junge Mann zu Alwina hinüber, die ihr Flechtwerk unterbrochen hat und ihn ernst betrachtet. Einen Moment lang glaubt er, dass er seine Gedanken womöglich laut ausgesprochen hat, doch dann weiß er, dass es nicht so ist. Alwina fühlt, was er denkt. „Du bist ein wundervoller Mann, und ich bin nichts mehr als eine Frau, der die Götter eine bestimmte Aufgabe zugedacht haben. Ich habe nichts dafür getan, außer dass ich bereit bin, mein Schicksal anzunehmen. Und ich bin mir sicher, dass mein Schicksal auch das deine sein wird. Deshalb gibt es zwischen uns auch keinen Unterschied." Alwina hat ihre Worte mit großem Ernst gewählt, doch nun umspielt ein Lächeln ihre Lippen und in ihren Augenwinkeln sitzt der Schalk. „Und deshalb weiß ich auch, was du denkst. Also sei auf der Hut." Wiborg legt die Ruten, die er gerade beschnitten hat, zur Seite, geht feixend auf Alwina zu und nimmt sie in seine Arme – eine Vertraulichkeit, die er sich bisher nur erlaubt hat, wenn sie beide alleine sind. Doch diesmal arbeiten Ragin und Anselm nur einige Schritte entfernt und drehen sich prompt zu dem Paar um, als sie Alwina laut auflachen hören. „Du meinst also, ich kann keine Geheimnisse vor dir haben, Weib. Dann weißt du ja auch, wie sehr ich mich danach sehne, wieder nach Hause zurückzukehren und dich zu meiner Frau zu nehmen", raunt Wiborg Alwina zu. „Natürlich weiß ich das, Dummkopf", erwidert Alwina lachend und versucht eher halbherzig, sich aus seiner Umarmung zu lösen. „Du wünschst es dir genauso sehr wie ich selbst. Dafür muss ich nun wirklich nicht Hellsehen können. Aber nun lass uns unsere Arbeit beenden. Vater schaut schon ganz ärgerlich zu uns hinüber." Erschrocken wirft Wiborg Ragin einen Blick zu, doch der lacht ihm voll offener Freude zu. „Lass dir nichts von ihr gefallen, Wiborg. Sonst wird sie für die nächsten hundert Jahre das Regiment in eurer Familie führen. So sind unsere Frauen, nicht wahr Anselm?" Anselm, der an seine sanfte Mutter denken muss und auch Alwina als überaus ruhig und besonnen kennt, schaut Ragin verblüfft an. Doch dann erkennt er, dass sein Vater Wiborg nur necken will und hebt bedauernd die Schultern; gerade so, als wolle er Ragin zustimmen. Sie scherzen noch eine Weile miteinander und Wiborg hat zum ersten Mal das sichere Gefühl, in Alwinas Familie angekommen zu sein. Ja, in diesem Moment wird er zu Ragins Sohn und Anselms Bruder. Und zu Alwinas Mann. In ausgelassener Stimmung beenden schließlich alle ihre Arbeit.

Nachdem die fertige Kugel im Kreis abgelegt ist, erklärt Ragin ihnen die Bedeutung dieses Ortes. „Das ist Mimirs Brunnen. Es ist der Brunnen der Weisheit, und Odin hat eines seiner Augen geopfert, um aus ihm trinken zu dürfen. Dieser Platz verkündet aber nicht nur Weisheit, er gibt auch Auskunft über unser Schicksal. Hier sitzen die Runenwerfer und lesen die Zukunft, aber man kann auch ohne ihre Unterstützung auskommen. Dafür muss man in sich gehen und die Antworten wahrnehmen, die der Ort uns gibt. Allerdings wird nur erfolgreich sein, wer reinen Gedankens und reinen Herzens ist. Hier richtet jeder über sich selbst." Dann hebt Ragin die kunstvolle Kugel auf, die Alwina geflochten hat. „Die Sonnenkugel ist wirklich wunderschön geworden", lobt er seine Tochter. „Du hast das Leuchten und die Helligkeit Baldrs perfekt eingefangen, deine Kugel symbolisiert seine Kraft und seine Schönheit aufs Beste. Deine Arbeit schmeichelt dem Liebling der Götter." Alwina strahlt ihren Vater ein wenig verlegen, aber auch dankbar an.

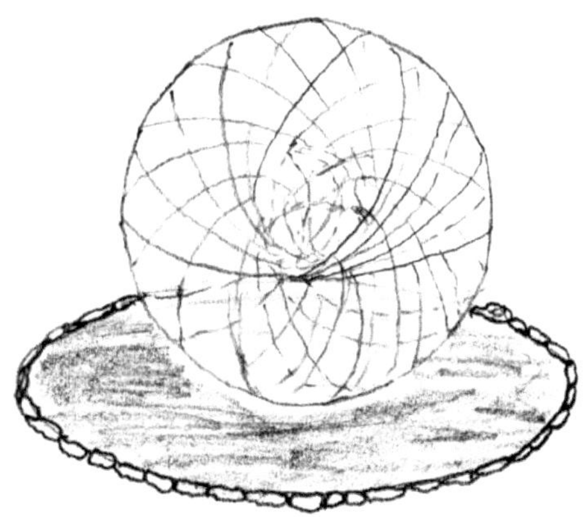

Abb. 6: Baldr

Ragin wendet sich nun wieder an seine Schüler. „Diese Kugel ist ein Symbol der Stärke. An diesem Platz erreicht ihr euer Ziel. Eure Wünsche und Träume sind Realität geworden. Wenn eure Wünsche von Vernunft, Tugend, Ehrlichkeit und Liebe geprägt sind, bekommt ihr hier den Lohn für eure Mühen. Zusammen mit Frigg, die wir gleich kennen lernen werden, bildet dieser Platz die vollkommene Glückseligkeit.“ Ragin legt das Flechtwerk zurück in den Steinkreis und entfernt sich von der Figur. Wiborg und Anselm werfen noch einen ehrfürchtigen Blick auf Mimirs Brunnen und Baldrs Sonnenkugel, bevor sie Ragin die wenigen Schritte zur nächsten Figur folgen, die es freizulegen gilt. Nachdem sie Schnee und Erde weggefegt haben, kommen fünf hell gepflasterte Dreiecke zum Vorschein, die so mit der Spitze nach innen angeordnet sind, dass in ihrer Mitte ein Stern entsteht. „Das ist der Platz der Frigg“, sagt Ragin, während er versonnen auf die Figur hinunterschaut. „Frigg kennt das Schicksal aller Wesen, aber selbst im Rat der Götter behält sie dieses Wissen für sich. Wir sagen, dass sie die Schicksalsfäden spinnt und ihre Spindel könnt ihr in klaren Nächten am Sternenhimmel sehen. Doch auch wenn sie wegen ihrer Fähigkeiten alles Leid im Leben der Menschen kennt, steht Frigg für Liebe, Genuss und Lebensfreude. Denn sie will, dass wir das Leben genießen. Viele Menschen können das jedoch nicht, sie sind schwermütig und voller Angst. Ihnen hilft dieser Platz. Denn nur wer der Freude einen Platz in seinem Herzen gewährt, kann dieses Gefühl auch weitergeben.“

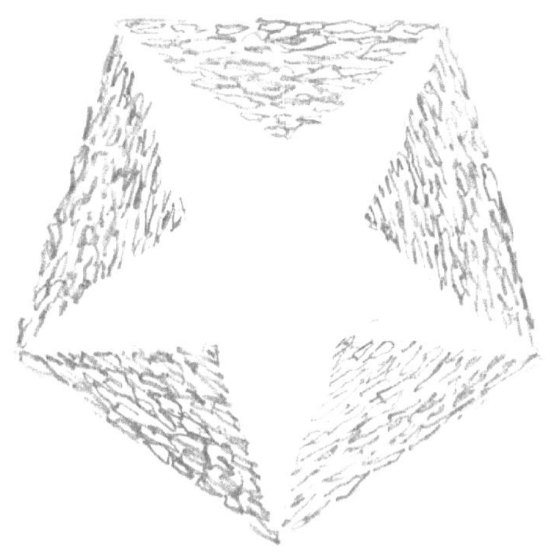

Abb. 7: Frigg

Als nächstes steuert Ragin das nördliche Ende des oberen Platzes an. „Hier ist unser Abladepunkt“, erklärt er. „Hier könnt ihr alles abgeben, was euch belastet; alles, was ihr nicht tragen könnt oder wollt. Aber auch alles, was euch nicht zusteht. Und dieser Ort kann euch helfen, Antworten auf eure Fragen zu finden.“ Nachdem sie einige Momente über Ragins Worte nachgedacht haben, bereitet dieser die Jungen auf die nächste Aufgabe vor, indem er sie zum Westrand des Platzes führt. „Nun wird es wirklich anstrengend und ich bin sehr froh, dass wir diesmal zu dritt hier sind, um diese Arbeit zu erledigen. Jetzt müssen wir nämlich die große Steinsäule aus der Erde ausgraben und aufstellen.“ Schweigend machen sich die Männer an die Arbeit, während Alwina kräftige Baumstämme zusammenträgt, die sie später zum Abstützen brauchen werden. Aus früheren Jahren kennen Anselm und Wiborg die große Säule, doch als sie sie endlich freigelegt haben, kommt sie ihnen noch gewaltiger vor. Sie hat die Länge dreier Männer und ihre Kanten sind scharf wie Messer. In ihrem Versteck ist die Säule in eine Mulde eingebettet worden, die mit einen dicken Moosschicht gepolstert wurde. Nachdem der Stein völlig freigelegt ist, heben die Männer das Kopfende an und Alwina legt die Stützen unter. Auf diese Weise rückt die Säule langsam aber sicher in eine aufrechte Position. Als der riesige Stein endlich aufrecht in den Himmel ragt, sind die Männer und Alwina ziemlich erschöpft. „Hier steht Thor, der Kämpfer“, erklärt Ragin, als er wieder zu Atem gekommen ist. Hier herrschen Energie und Wille, aber es gibt auch die Möglichkeit zum Kampf. Es ist auch der Ort, der uns verlorene Kampfkraft zurückgibt und, wenn nötig, unsere Bereitschaft zum Kampf stärkt. Wer sich bedroht fühlt und zur Wehr setzen will, aber nicht über die notwendige Energie verfügt, findet hier Hilfe. In dieser an sich guten Quelle liegt aber auch eine Gefahr: Denn auch ein draufgängerischer, unbesonnener Mensch kann hier noch zusätzliche Macht gewinnen. Die enormen Kräfte dieses Ortes sollen eigentlich nur dem Guten dienen, aber die Menschen sind oft zu schwach, um das zu erkennen. Deshalb kennen auch nur die Oberhäupter der Sippen alle Geheimnisse dieses Ortes. Ihr werdet in den nächsten Tagen erleben, wie die einzelnen Gemeinschaften Thors Kräfte nutzen. Und zum Vollmond wird es dann einen ganz besonderes Ting geben, an dem nur die Oberhäupter teilnehmen.“

Während Wiborg und Anselm noch einmal stolz auf die riesige Säule schauen, wendet sich Ragin an seine Tochter. „Du solltest nun zur Hütte zurückkehren, Alwina. Die Schatten werden länger und jemand muss nach dem Feuer sehen. Außerdem wird Adalwolf heute mit seiner Sippe eintreffen; vielleicht ist er sogar schon da. Sie lagern wie immer am See oberhalb der Moore. Vielleicht siehst du von der Hütte aus schon die ersten Rauchsäulen." Nachdem Alwina den Berg verlassen hat, legen die Männer in der Mitte des oberen Platzes ein weiteres Steingebilde frei. Einzelne Steine winden sich in einem abgeflachten, großen Bogen zu einer Spirale. „Odins Auge", sagt Ragin, der die Figur ehrfürchtig betrachtet, bevor er sich den Jungen zuwendet.

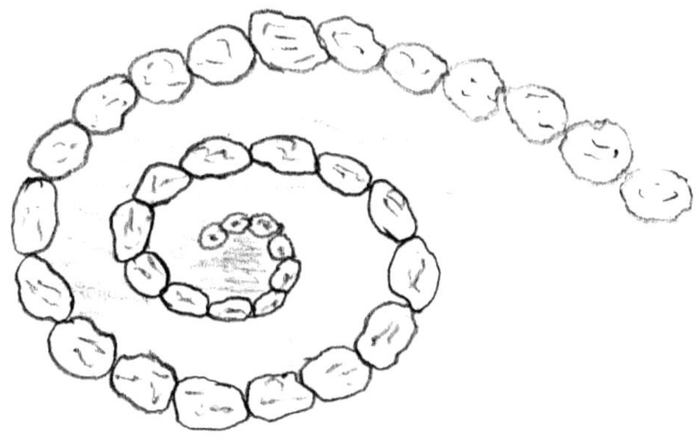

Abb. 8: Odin

An Mimirs Brunnen habt ihr ja schon erfahren, dass Odin eins seiner Augen für die Weisheit opferte. Weisheit ist geistige Vollkommenheit. Wenn wir während unserer Arbeit auf diesem Platz ein gewisses Maß an geistiger Reife erreicht haben, stellen wir uns an diesen Ort und bemühen uns um Weisheit. An allen Stationen, die wir uns bisher auf dem

Berg erarbeitet haben, sind wir einem Teil unserer Selbst begegnet. Wenn wir unsere Lektionen aus diesen Begegnungen gelernt haben, können wir uns hier in unserer Gesamtheit erkennen. Wir können die Verbindung zwischen den einzelnen Erfahrungen herstellen und uns selbst aus unserer eigenen Mitte heraus betrachten. Wir nehmen unsere Stärken und Schwächen mit großer Klarheit wahr und können dadurch erkennen, woran wir bei der Bildung unseres Charakters noch arbeiten müssen. Dies ist das eigentliche Geheimnis des Berges; das, was Nordger den Fußabdruck Gottes nannte. Denn wer sich selbst erkennt, der wird auch in die Geheimnisse der Götter eingeweiht."

Anselm und Wiborg haben Ragins Worten fasziniert gelauscht und schrecken auf, als sie plötzlich das Knacken von Ästen hören. Die Dämmerung ist mittlerweile so weit fortgeschritten, dass sie die Quelle des Geräusches im Zwielicht nicht sofort erkennen können. Doch dann schält sich eine massige Gestalt aus den Schatten der Bäume. „Adalwolf, wie schön dich zu sehen", ruft Ragin dem Freund zu. „Wann seid ihr angekommen?" „Wir haben bereits kurz nach Mittag begonnen, unser Lager aufzuschlagen, und eben sind wir fertig geworden", tönt es zurück, als der kräftige Mann weiter auf die kleine Gruppe zukommt. „Ich wollte euch aber auf jeden Fall heute noch begrüßen, damit wir die Aufgaben für morgen absprechen können. Außerdem wollte ich Wiborg einladen, von nun an bei uns zu wohnen. Schließlich habt ihr ihn lange genug durchgefüttert." Diesmal fällt Wiborg nur kurz auf den Scherz seines Onkels herein. Doch bevor er etwas erwidern kann, hat der feixende Ragin ihn bereits verteidigt. „Ich versichere dir, dass Wiborg mehr gearbeitet als gegessen hat. Deshalb habe ich ihn auch gerne als meinen Schwiegersohn in unserer Familie aufgenommen. Außerdem solltest du nicht Alwinas Zorn heraufbeschwören. Wenn du ihr den Liebsten nimmst, nachdem sie sich schon so an ihn gewöhnt hat, könnte sie dich mit einem Bannspruch belegen!" Adalwolf fällt dröhnend in Ragins Lachen ein und auch Anselm kann sich ein Grinsen nicht verkneifen. Einen Augenblick ist Wiborg unsicher, wie er auf diesen neuerlichen Scherz auf seine Kosten reagieren soll. Doch dann wird ihm klar, dass Ragin ihn gerade ganz offiziell in seine Familie aufgenommen hat, und er fällt dankbar in das Lachen der beiden älteren Männer ein. Nachdem sie noch einige Neckereien ausgetauscht haben, wird Ragin wieder ernst. „Was den zweiten Teil deiner Frage betrifft, Adalwolf: Die Zeichen haben wir bereits alle freigelegt. Sogar Thors Säule haben wir mit Alwinas Hilfe aufgerichtet. Morgen müssen wir uns noch um einige Feinheiten kümmern. Vor allem müssen wir genügend Haselruten schneiden, um den gesamten Berg einzufrieden. Das wird eine mühevolle Arbeit werden, denn in der Nähe des Berges werden wir nicht genügend Haselsträucher finden. Und dann müssen wir noch zusätzliche Steine für den Vollmond herbeischaffen. Aber wir haben ja erst Halbmond; wir liegen also gut in der Zeit."

Im letzten Licht des Tages verlassen sie schließlich gemeinsam den Berg und schlagen den Weg zur Hütte ein, wo Alwina bereits mit dem Essen auf sie wartet. Unterwegs will Anselm von Ragin wissen, warum der Berg so aufwändig eingefriedet werden muss. „Ich erinnere mich an das letzte Jahr; da war es ein richtig hoher Zaun mit einem befestigten Eingang." Bevor Ragin seinem Sohn antworten kann, hat Adalwolf bereits das Wort ergriffen. „Der Berg ist ein ganz besonderer Ort, das habt ihr in den letzten Tagen bestimmt schon bemerkt. Wenn wir uns dort oder an einem anderen Platz für unsere Versammlungen treffen und Gericht halten, umfrieden wir den Platz mit Zweigen der Haselnuss. Innerhalb eines solchen Zaunes darf niemand eine Waffe tragen oder Händel beginnen. Diese Regel verhindert, dass wir in Streit geraten, wenn unterschiedliche Auffassungen ausgetauscht werden. So können wir die großen und kleinen Probleme der Gemeinschaft in aller Ruhe behandeln. Ihr wisst ja, dass es unter uns einige Hitzköpfe gibt, die ziemlich leicht in Streit geraten, wenn jemand anderer Meinung ist als sie selbst." Diesmal lachen die Jungen still in sich hinein, denn alle wissen, dass Adalwolf selbst nicht gerade das sanftmütigste Temperament besitzt. „Nun, was gibt es da zu feixen", fragt der brummige Stammesführer in gespielter Empörung, als er die Reaktion seines Publikums bemerkt. Die nicht ganz ernst gemeinte Drohung führt aber nur dazu, dass Anselm und Wiborg jetzt ganz offen lachen müssen und schließlich lassen sich auch Ragin und Adalwolf von dieser Heiterkeit anstecken. „Nun gut", räumt Adalwolf prustend ein. „Diese Regel ist in grauer Vorzeit vermutlich für einen meiner Ahnen erfunden worden." „Ich kann mir kaum vorstellen, dass sich jeder an eine solche Regel hält", gibt Anselm zu bedenken, als er wieder atmen kann. „Da hast du wohl Recht", räumt Ragin ein, der sich ebenfalls von seinem Lachanfall erholt hat. „Aber es kommt nicht so häufig zu Übertretungen wie ihr vielleicht glaubt. Denn wer den Frieden eines solchen Ortes stört, wird aus unserer Mitte verbannt und muss sich für den Rest des Ting außerhalb des Zaunes aufhalten. Das ist eine tiefe Schmach, der sich niemand aussetzen will. Mir ist jedenfalls nicht bekannt, dass es auf dem Berg jemals zu einem Ausschluss gekommen wäre." Zwischenzeitlich sind die Männer bei der Hütte angekommen und Adalwolf begrüßt Alwina auf seine herzlich-raue Art. Zu Wiborgs Erstaunen macht sein Onkel ihr gegenüber aber keinerlei anzügliche Bemerkung, sondern heißt sie nur herzlich in seiner Familie willkommen. Während sie gemeinsam speisen, gehen sie noch einmal den nächsten Tag durch und vereinbaren, dass Adalwolf sich mit acht seiner Leute an den Arbeiten für den Berg beteiligen wird. Es ist bereits pechschwarze Nacht, als Anselm und Ragin ihre Fackeln anzünden, um Adalwolf zu seinem Lager zu geleiten. Alwina und Wiborg genießen die kurze Zeit, die sie für sich alleine haben.

Früh am nächsten Morgen trifft Adalwolf mit seinen Männern am Berg ein. Nach einer ausgiebigen Begrüßung teilt Ragin die Helfer in zwei Gruppen ein: Die größere zieht los, um Weiden zu schneiden; er selbst, Wiborg, Ragin, Adalwolf und zwei junge Mitglieder seiner Sippe bleiben zurück, um den Zaun zu setzen. Bis die ersten Weiden ankommen, erledigen sie andere kleine Aufgaben am Berg. Ragin nutzt die Gelegenheit, um Wiborg und Anselm zu ermahnen. „Ihr werdet in den nächsten Tagen viele eurer Freunde wieder treffen und ihr habt euch bestimmt viel zu erzählen. Ihr solltet aber nicht über die Dinge sprechen, die ihr in den letzten Tagen erfahren habt. Nicht jeder kann die Geheimnisse des Berges erfassen und deshalb wird auch nicht jeder von uns eingeweiht. Ihr seid nun erwachsen und verfügt über ein Wissen, das ihr nicht mit allen euren Freunden teilen könnt." Nur selten war Ragin während ihrer Reise so ernst. Die Jungen spüren sofort, dass er ihnen eine Verantwortung auferlegt, an der sie gemessen werden.

Doch das macht ihnen keine Angst. Auch ohne diese Ermahnung hätte es ihnen ausgereicht, das Erlebte miteinander zu teilen. Als Ragin dies erkennt, ist er beruhigt. Immer häufiger werden nun Weidenruten geliefert und die Zurückgebliebenen haben alle Hände voll zu tun, um die schlanken Äste im gefrorenen Boden zu verankern. Doch am Abend ist der Zaun fertig. Am nächsten Tag wollen die Männer sich erneut treffen und gemeinsam Brennholz schlagen, denn auf der Steilküste muss ein großes Feuer in Gang gehalten werden, dass den Sippen, die übers Meer zum Ting kommen, den Weg weisen soll. Alwina hat vor der Hütte ebenfalls eine große Feuerstelle errichtet, an der sie für alle Helfer eine Mahlzeit zubereitet hat. Damit war sie den größten Teil des Tages beschäftigt, doch die Arbeit ging ihr leicht von der Hand und nun freut sie sich über die große Gesellschaft, die sie bewirten muss. „Ich bin stolz auf dich, Alwina. Du hast deine Aufgabe auch ohne Mutters Hilfe hervorragend gemeistert. Morgen werden uns die Frauen in Adalwolfs Lager bekochen. Du kannst mit uns kommen und deine Freundinnen besuchen.“ „Das ist wirklich eine ganz hervorragende Idee, Vater“, lacht Alwina. „Nachdem ich so lange nur mit Männern zusammen war, wird die Unterhaltung mit den Frauen eine echte Erholung für mich sein.“

Den nächsten Tag verbringen die meisten der Männer beim Holzhacken. Ragin, Anselm und Wiborg kümmern sich weiter um die Stationen auf dem Heiligen Berg und Alwina tauscht mit den Frauen in Adalwolfs Lager Neuigkeiten aus. Natürlich hat sich längst herumgesprochen, dass sie und Wiborg ein Paar sind, und Alwina muss sich manch liebevolle Neckerei gefallen lassen. Während die anderen

Frauen sich um das Essen kümmern, besucht Alwina die Kranken im Lager und versorgt sie mit Kräutern und Segenssprüchen. Als die Männer später auftauchen, um sich nach der harten Arbeit des Tages zu stärken, will Wiborg von Ragin wissen, was es mit dem Brauch auf sich hat, die Kranken eines Stammes nach Möglichkeit mit zum Ting zu bringen. „Bisher habe ich euch nur erklärt, welche Empfindungen mit den einzelnen Stationen des Berges verbunden sind. Doch jedem dieser Orte wohnt auch eine Kraft inne, die auf bestimmte Teile des Körpers und auf verschiedene Erkrankungen wirkt. Deshalb bringen die Familien ihre Kranken zu den passenden Plätzen und erwarten dort Heilung." „Außerdem wachsen an den verschiedenen Stationen auch Kräuter und Pflanzen, die eine besondere Heilkraft besitzen", ergänzt Alwina. „So können wir die Heilkraft eines Ortes auch zu denen tragen, die die beschwerliche Reise nicht unternehmen können, weil es ihnen zu schlecht geht. Vielleicht ist dir am Platz der Frigg ein Holderbaum aufgefallen. Von diesem Baum kann man fast alles für die Heilkunst verwenden: Blätter, Blüten, Rinde und Früchte. Eine besondere Heilkraft haben die vertrockneten Beeren, die nach den Raunächten noch am Baum hängen. In den letzten Tagen habe ich viele dieser Beeren gesammelt. Der Trunk aus diesen Früchten hilft Menschen, die Probleme mit ihrer Atmung haben. Aber auch die abgekochte Rinde wirkt lindernd auf Schmerzen in der Brust. Bei der Sonnenkugel steht ein Eichenbaum, auf dem sich der Donnerbesen niedergelassen hat. Diese Pflanze darf bei keinem Heiltrank fehlen, denn sie reinigt das Blut und bannt die bösen Geister. Allerdings muss man beim Schneiden des Donnerbesens besonders sorgfältig sein und auch bei der Zubereitung ist

Vorsicht geboten. Denn die Pflanze ist nicht nur besonders hilfreich, sie kann auch ausgesprochen gefährlich sein. Wenn jemand ein schwaches Herz hat, setzen wir ihn an diesen Platz – am besten hält er sich jeden Mittag für einige Zeit dort auf." Wiborg hört Alwina andächtig zu und auch Anselm ist erstaunt über das große Wissen seiner Schwester. „Nur wenigen ist bekannt, welcher Platz für einen Kranken der Richtige ist", fährt Alwina fort und lächelt Wiborg und ihren Bruder liebevoll an. Die beiden sind nun alt und gewissenhaft genug; sie dürfen um die Geheimnisse der Familie wissen. „Ich habe vieles von meiner Großmutter gelernt, aber auch die Alben sind mir wertvolle Ratgeber. Deshalb ist es meine Aufgabe, die Kranken, die zum Berg kommen, zu betreuen." „Kann ich das auch lernen?", will Wiborg wissen. „Dann könnte ich dir bei deiner Arbeit helfen." Nun kann Alwina sich ein leises Lachen nicht verkneifen. „Vieles wirst du von selbst lernen, wenn du mit mir zusammenlebst, Wiborg. Anderes wird dir vermutlich verschlossen bleiben. Man kann zum Beispiel nicht lernen, die Alben zu sehen und zu hören. Sie selbst entscheiden, wem sie sich offenbaren. Man kann auch nicht beschließen, Heiler oder Magier zu werden. Es ist eine Aufgabe, die das Schicksal uns zugedacht hat und die wir annehmen müssen. Du bist hier und hast in den letzten Tagen vieles über den Berg, aber auch über das Leben und die Götter gelernt. Und du bist der Mann, mit dem ich mein Leben verbringen werde.

Damit bist du Teil einer Familie von Heilern, Priestern und Magiern. Das ist nicht zufällig so. Das Schicksal hält für jeden von uns eine Aufgabe bereit. Und die Aufgaben innerhalb unserer Familie ergänzen einander. Deshalb wirst du mir ganz sicher helfen. Auf welche Weise dies geschehen wird, zeigt die Zukunft. Jetzt ist für dich die Zeit, den Berg und seine Geheimnisse noch besser kennen zu lernen. Deine weitere Bestimmung offenbart sich, wenn die Zeit reif ist. Und wenn du wissen willst, in welche Richtung dein Schicksal dich lenken wird, dann höre in dich hinein. Etwas in dir kennt den Weg bereits, auch wenn dieses Wissen deinem Geist noch verschlossen ist." Nun schmunzelt auch Wiborg. „Du meinst, so wie ich auch schon vor langer Zeit spürte, dass wir füreinander bestimmt sind - ohne es zu wissen. So, als ob tief in mir die Wurzel dieser Liebe schon immer schlummerte; aber erst zu einem bestimmten Zeitpunkt ist aus ihr eine Pflanze erwachsen." „Genau so, Wiborg", strahlt Alwina den Geliebten an. „Ich hätte es nicht besser sagen können."

Die beiden scheinen Anselm völlig vergessen zu haben und der wendet sich ein wenig betroffen ab, um sich im Lager umzuschauen. Alwinas Worte und Wiborgs Reaktion darauf haben etwas in ihm ausgelöst. In den letzten Tagen waren seine Gedanken völlig gefangen von dem Neuen, das er auf dem Berg erfahren hat. Doch nun hat er das Gefühl, dass er darüber etwas anderes, sehr Wichtiges aus den Augen verloren hat. Und plötzlich taucht Erjas Bild so deutlich in seinen Gedanken auf, als stünde sie vor ihm. Alwinas Worte über das Schicksal und Wiborg Bild von der Wurzel, die schon ein Leben lang in ihm schlummerte, haben Anselm tief bewegt. Wie kann es sein, dass seine Schwester und sein bester Freund so leicht in Worte kleiden, was er in seinem tiefsten Innern empfindet. Etwas, das so tief verborgen liegt, dass er selbst es bis zu diesem Augenblick nicht einmal wusste. Doch jetzt sind die Triebe dieser Wurzel ans Licht geschossen; jetzt weiß er es mit absoluter Gewissheit: Erja ist sein Schicksal. Was immer die Zukunft bringen wird, sie werden ihr gemeinsam begegnen.

Am nächsten Tag gegen Mittag trifft Hadamars Sippe auf dem ihr bestimmten Lagerplatz ein. Bereits den ganzen Vormittag über sind immer wieder Gruppen angekommen und haben ihr Quartier in einem großen Bogen rund um den Berg aufgeschlagen. Ragin und Anselm haben Hadamar und seine Leute bereits erwartet und gehen ihnen entgegen. Zwar haben Alwina und Wiborg ja schon berichtet, dass Hadamar sich gut erholt hat, doch Ragin will sich so schnell wie möglich selbst ein Bild vom Gesundheitszustand seines Patienten machen. Auch Anselm ist neugierig, wie der Zauber seines Vaters auf das alte Oberhaupt gewirkt hat, aber vor allem will er Erja so bald wie möglich wieder sehen. Nachdem er sich über seine Gefühle zu ihr klar geworden ist, sind Zweifel und Unsicherheit aus seinen Gedanken verschwunden. Er ist sich sogar sicher, dass Erja seine Gefühle erwidert, und sieht dem Treffen deshalb voller freudiger Erwartung, aber ohne Scheu entgegen.

Die beiden Männer finden Hadamar in einem der Schlitten, die seinen Tross begleiten. „Hadamar, mein Freund, wie geht es dir?“, will Ragin wissen. Zu seiner Erleichterung lacht der alte Mann ihm lauthals entgegen. „Nun, es geht mir prächtig, Freund. Ich bin zwar noch etwas zittrig auf den Beinen, aber wie du siehst, hat das auch Vorteile. Einen großen Teil der Strecke habe ich auf dem Schlitten zurückgelegt. Ich gehe aber davon aus, dass der Berg mir meine alte Kraft zurückgibt und ich den Heimweg wie alle anderen zu Fuß bewältigen muss.“ Mittlerweile sind auch Mitglieder aus Adalwolfs Sippe eingetroffen und gemeinsam helfen sie Hadamars Leuten, ihr Lager aufzuschlagen. Sobald die notwendigen Gerätschaften ausgepackt sind, kümmern die Frauen sich um die Zubereitung einer warmen Mahlzeit. Alwina steuert frische Kräuter und das Brot bei, das sie am Morgen gebacken hat. In dem ganzen Durcheinander hat Anselm Erja bislang noch nicht entdeckt, und beinahe fürchtet er schon, dass sie aus irgendeinem Grund in der Siedlung zurückgeblieben ist. Doch als er gerade damit beschäftigt ist, Hadamars Bündel in dessen Hütte zu schaffen, hört er plötzlich eine wohl vertraute Stimme hinter sich. „Hallo Anselm, wie schön, dich wieder zu sehen."

Einen Moment lang hat Anselm nun doch das Gefühl, sein Herz bliebe stehen. Doch als er sich umdreht und in Erjas strahlendes Gesicht schaut, verwandelt sich der Schreck sofort in ein tiefes Gefühl von Liebe und Vertrautheit. Ohne darüber nachzudenken, greift er nach Erjas Händen und zieht sie ein wenig näher an sich heran. „Erja, ich bin auch sehr froh, dich zu sehen. Und ich hoffe, dass wir in den nächsten Tagen viel Zeit füreinander finden werden." Einen kurzen Augenblick schaut Erja ihn verblüfft an, dann nehmen ihre glänzenden Augen einen beinahe überirdischen Ausdruck an. Sie tritt noch dichter zu ihm und Anselm hat ein Gefühl, als ob die Welt um sie herum aufgehört hat zu existieren. In diesem Moment gibt es nur sie beide. Ohne ein einziges Wort zu sprechen, tauschen ihre Blicke ein Versprechen aus, das für alle Ewigkeit gültig sein wird. Das schallende Gelächter arbeitet sich mit deutlicher Verzögerung zu Anselms Gehirn vor. Ihm wird erst klar, dass sie beobachtet werden, als er bemerkt, wie sich Erjas Gesicht mit einer verlegenen Röte überzieht. Gleichzeitig blicken sie sich um und entdecken Ragin in der Tür, der Hadamar stützt, um ihn zu seinem Lager zu bringen, damit er sich von der anstrengenden Reise ausruhen kann. Beide sind stehen geblieben und scheinen den Anblick der Verliebten unendlich komisch zu finden. „Nun schau dir das an, Hadamar“, prustet Ragin los. „Offenbar haben deine Tochter und mein Sohn sich bei Wiborg und Alwina angesteckt. Oder hast du nicht auch den Eindruck, dass die beiden, die da in inniger Vertrautheit vor uns stehen, gewaltig ineinander vernarrt sind?“ Hadamar nickt seinem Freund zu, aber in sein Lachen mischen sich deutlich spürbar Stolz und Erleichterung. „Ja, Ragin, da hast du wohl Recht. Und wenn ich ehrlich bin: Ich bin sehr glücklich darüber, dass mein Hoffen und die Wünsche der Götter diesmal so sehr übereinstimmen.“ „Ich stimme dir ja zu“, räumt Ragin noch immer schmunzelnd ein. „Schließlich wussten wir beide längst, dass es so kommen würde, oder? Und deine Erja hat die Botschaft der Götter wohl auch ziemlich früh verstanden. Ich bin nur überrascht, dass Anselm sein Schicksal so schnell erkannt hat. Er ist ein kluger und gelehriger Schüler, wenn es um das Wesen der Magie und die Gesetze der Natur geht. Ehrlich gesagt glaube ich sogar, dass er ein Liebling der Götter ist und dass sie Großes mit ihm vorhaben. Aber in Gefühlsdingen ist er normalerweise recht langsam von Begriff.“

Ragin bringt Hadamar zu seinem Bett und die beiden tun so, als seien Erja und Anselm gar nicht anwesend. Anselm ist bewusst, dass er sich noch vor wenigen Tagen über ein solches Verhalten seines Vaters geärgert hätte. Doch nun ist ihm die Situation keineswegs peinlich und er hört aus Ragins Worten nicht den Spott, sondern die große Achtung und das Lob heraus. „Ich habe in den letzten Tagen viel gelernt, Vater. Das verdanke ich vor allem dir. Und ich bin sehr glücklich, dass euch beiden unsere Verbindung gefällt. Denn von nun an wollen Erja und ich uns nicht mehr trennen." Bei diesen Worten schlingt Anselm den Arm um Erjas Schulter und zieht sie ganz zu sich heran. Als Ragin nun auf die beiden zugeht, ist sein Blick ernst und voller Liebe. „Hadamar und ich sind sehr glücklich, darüber, dass die Götter euch füreinander bestimmt haben und dass die Verbindung zwischen euch so stark ist, dass sie jeder deutlich spüren kann, der sich in eurer Nähe aufhält. Deshalb überrascht uns diese Offenbarung ja auch nicht sonderlich. Aber bevor ihr konkrete Pläne für die Zukunft macht, solltest du deine Ausbildung abschließen, Anselm. Du hast in den letzten Tagen auf dem Berg viel gelernt, aber wir sind noch nicht am Ende. Du wirst zum ersten Mal an einem Ting mit unserem höchsten Priester teilnehmen. Warte ab, wie dieses Ereignis dein Leben prägen wird. Es gibt viele Versammlungen unserer Sippe, aber nur bei Anwesenheit mehrerer Oberhäupter und des Höchsten Priesters sind wir in der Lage das Tor zur anderen Welt im Ting zu öffnen. Nach diesem Ereignis könnt ihr über das wie und wann eures gemeinsamen Lebens entscheiden. Die Götter haben euch füreinander bestimmt. Überlasst es nun auch ihnen, euch den Weg aufzuzeigen, der eure Liebe festigen wird."

Diesmal versteht Anselm seinen Vater nicht sogleich. Schließlich steht seine Aufnahme in die Versammlung für das Ting seinen Zukunftsplänen mit Erja nicht im Weg. Genau wie Wiborg und Alwina in wenigen Tagen als Mann und Frau nach Hause zurückkehren, können er und Erja das auch. Dass dies der Wille der Götter ist, haben sie ja schließlich schon bewiesen, indem sie ihn und Erja zusammenführten. Das hat Ragin ja selbst bestätigt. Doch bevor Anselm etwas erwidern kann, legt Erja ihm die Hand auf den Arm und schaut ihn sanft an. „Dein Vater hat Recht, Anselm. Die Götter haben uns füreinander bestimmt. Aber auf welche Weise sie unseren weiteren Lebensweg bestimmen werden, haben sie noch nicht offenbart. Während des Ting hast du die Gelegenheit, mehr darüber zu erfahren. Warten wir ab, was sie uns zu sagen haben, bevor wir weitere Pläne schmieden. Die Zeit bis dahin können wir doch wunderbar nutzen, um uns auch mit Worten kennen zu lernen." Nun ist es Ragin, der Erja zärtlich anschaut und ihr sanft über das seidige Haar streicht. „Was für eine kluge Frau dir an die Seite gestellt wurde, Anselm. Mit ihr zusammen wirst du jede Herausforderung meistern. Sie wird dir eine wichtige Ratgeberin sein, denn sie schützt dich vor übereilten Entscheidungen. Wenn du in eine Lage gerätst, in der du nicht zwischen richtig und falsch entscheiden kannst, dann hör´ auf sie. Auf ihr Urteil kannst du dich verlassen. Vergiss das nie."

Das Ting

Am nächsten Morgen flechten Anselm und Ragin sorgfältig ihr Haar, ziehen ihre besten Umhänge an und schmücken sich mit kunstvollen Armreifen, Ringen und Fibeln, bevor sie zum Berg aufbrechen. Wiborg hat die Nacht in Adalwolfs Lager verbracht, denn sein Onkel wird ihn in das Ritual einführen. Anselm ist ein wenig aufgeregt und erweist dem Hüter der Schwelle noch ehrfürchtiger als sonst die Ehre. Vater und Sohn gehen jeder für sich die einzelnen Stationen des Berges ab, dann warten sie am oberen Ende der Treppe auf Wiborg und Adalwolf. Kurz nachdem die beiden sich zu ihnen gesellt haben, erscheinen auch Hadamar und die Mitglieder seiner Sippe vor dem Eingang zum Berg. Hadamar legt seine Kräuter beim Hüter der Schwelle nieder und schreitet langsam und würdevoll die Stationen ab, während seine Sippe draußen unter der Führung Helmbots abwartet, bis ihr Oberhaupt das Ritual vollzogen hat. Auch Wiborg, Anselm, Ragin und Adalwolf haben ihren Posten verlassen, damit Hadamar sich unbeobachtet fühlen kann. Erst nachdem Hadamar am oberen Platz angekommen ist und dort mit dem Ritual fortfährt, betritt der Rest seiner Sippe den unteren Teil der Anlage. Hadamar schreitet sicher alle Stationen ab und verweilt schließlich bei der großen Säule – dem Ort der Kampfeskraft.

Anselm hatte es nicht anders erwartet, schließlich fühlt Hadamar sich nach seiner langen und schweren Krankheit noch immer geschwächt. Nach einer Weile kommt Erjas Vater auf Anselm zu und legt seinen Arm um dessen Schulter. „Da du nun bald auch ein Teil meiner Familie sein wirst, möchte ich, dass du die Mitglieder meiner Sippe besser kennen lernst, mein Junge. Zugleich können wir sehen, was du in den letzten Tagen über den Berg gelernt hast. Schau dir meine Leute an und erkläre mir ihr Verhalten an den einzelnen Stationen." Anselm fühlt sich geehrt, ist aber nicht sicher, ob er eine solche Aufgabe angemessen bewältigen kann. Schließlich weiß er bislang nur wenig über die Geheimnisse des Berges und seiner Stationen. Er schaut zu Ragin hinüber, doch der nickt seinem Sohn aufmunternd zu. „Ich weiß nicht, ob ich schon alles richtig einschätzen und erklären kann, Hadamar. Aber ich will es gerne versuchen und mich deinem Urteil stellen." Hadamar lächelt ihm gütig zu. „Mach dir keine Sorgen, mein Sohn. Dies ist keine Prüfung, bei der du Fehler machen kannst. Ich will nur sehen, was du bereits gelernt hast und wie du einen Menschen einschätzt."

Gemeinsam gehen Anselm und Hadamar über den Platz, scheinbar in ein Gespräch vertieft. Dabei beobachten sie unauffällig die Männer und Frauen aus Hadamars Sippe. Zuerst nehmen sie Huberath ins Visier, der versonnen im Kreis des Mondes steht. „Ich denke, dass Huberath an diesem Platz verweilen wird. Zumindest kehrt er immer wieder dorthin zurück", meint Anselm, und Hadamar lächelt. „Nun, das kann ich mir auch gut vorstellen. Huberath ist ein gütiger Mensch und in unserer Siedlung für seine große Hilfsbereitschaft bekannt. Er macht Musik und bespricht Krankheiten mit dem Vollmond. Wir haben ihn alle sehr gern." An der Steinsäule stehen nun vier junge Männer, die nur wenig älter sind als Anselm. Sie lachen übermütig und prahlen voreinander mit ihren vermeintlichen Heldentaten. „Sie sind mutig", schmunzelt Hadamar. „Aber es fehlt ihnen augenscheinlich noch an Weisheit." Sie betrachten zwei

Frauen, die mit Zweigen des Holderbuschs bei Frigg stehen, und werden dann auf zwei Männer aufmerksam, die auf der Steinplatte bei Nidhöggr sitzen und die Köpfe zusammenstecken. „Die beiden gefallen mir nicht besonders“, gibt Anselm zu. „Das sind Sten und Reik“, erklärt Hadamar. „Sie werden noch einige Stationen besuchen und sich dann bei Loki, dem Widersacher, treffen. Behalte sie im Auge, ich will einen Moment zu Malte gehen, der schon eine ganze Weile dort drüben bei Loki-Hel steht und seine Hände im Wams vergräbt.“ Während Hadamar zu Malte hinübergeht und ihn schließlich zu Huberath in die Mondhütte bringt, schaut Anselm sich weiter um. Helmbot steht auf Odins Auge und blickt ruhig in die Runde. Als sein Blick den Anselms streift, lächelt er seinem Neffen kurz zu. Auf der Treppe bemerkt Anselm zwei junge Männer, denen es nicht gelingt, still stehen zu bleiben. Sie albern herum, halten sich gegenseitig fest und kommen nicht richtig voran. Offenbar können sie sich nicht recht entscheiden, ob sie nach vorne gehen oder umkehren sollen. An Mimirs Brunnen sitzt eine alte Frau, die vor sich hinmurmelt. Doch bevor Anselm sich Gedanken über sie machen kann, entdeckt er Hadamar, Malte und Huberath, die den Mondplatz verlassen haben und sich der Sonne nähern. Anselm ist erstaunt, wie liebevoll Hadamar mit den beiden Männern umgeht. Bis er krank wurde, kam Hadamar ihm immer wie ein lebenslustiger Draufgänger vor. Später ist ihm aufgefallen, wie viele Sorgen Hadamar sich um seine Tochter machte. Und nun lernt er wieder eine neue Seite an Erjas Vater kennen. Als Anselm sich weiter umschaut, entdeckt er Alwina, die einen Korb mit getrockneten Kräutern im Arm hält und sich mit zwei Frauen aus Hadamars Sippe unterhält. Auch seine Schwester ist zum

Berg gekommen, um Menschen zu beobachten. Allerdings will sie etwas über ihre Krankheiten herausfinden und Hilfe anbieten. Wiborg wiederum steht ganz in Alwinas Nähe und beobachtet sie liebevoll. Beim Anblick des Paares muss Anselm an Erja denken, die er bislang noch nicht entdeckt hat. Doch bevor er sie suchen kann, fallen ihm Sten und Reik ins Auge, die nun, wie Hadamar vorhergesehen hat, am Platz des Widerstandes angekommen sind. Von dort aus beobachten sie ihr Oberhaupt, das nun bei Helmbot in Odins Auge steht. Als Hadamar sich wieder zu Anselm gesellt, vertiefen sich Sten und Reik mit gesenkten Köpfen in ihr Gespräch, lassen Hadamar aber nicht aus den Augen. „Man muss als Oberhaupt immer wissen, wie man die einzelnen Mitglieder seines Stammes einzuordnen hat", sagt Hadamar. „Sten und Reik sind von Natur aus aufsässig und ordnen sich nicht gern unter. Sobald sie ihren Anführer für schwach halten, greifen sie nach seiner Macht. Trotzdem sind sie gute Kämpfer und wertvolle Mitglieder unserer Gemeinschaft. Auch wenn es ihnen an Weitblick fehlt. Man muss sie geschickt führen und ihnen Aufgaben zuweisen, die sie beschäftigen und ihnen Ruhm und Ehre verschaffen. Helmbot und ich haben uns für dieses Jahr schon etwas ausgedacht."

Hadamars Blick wandert zu den beiden Männern am Sonnenplatz hinüber. „Auch um Malte müssen wir uns kümmern", erklärt er Anselm. „Er trägt einen tiefen Kummer mit sich herum, aber er spricht nicht darüber. Wir wollen ihm helfen, seine Lebensfreude zurückzufinden. Huberath können wir nicht ändern – und wir wollen es eigentlich auch gar nicht. Auf seine sanfte Art ist er eine wirkliche Bereicherung für uns." Hadamars Blick ruht jetzt auf den jungen Männern bei der Steinsäule. „Unsere vier mutigen Krieger dort drüben entwickeln sich ihrem Alter entsprechend. Hinter ihrem Übermut verbergen sich Lebensfreude und Lebenskraft. Und Linta, die noch immer an Mimirs Brunnen sitzt, erhofft sich wohl eine Antwort über die Zukunft ihrer Tochter. Margard ist in dem Alter, in dem sie einen Mann finden sollte, und ihre Mutter will wissen, wer ihr Schwiegersohn sein wird." Anselm schaut Hadamar nachdenklich an. „Du kennst deine Leute gut. Das musst du wohl auch, um sie gut führen zu können." Nun lacht Hadamar laut auf. „Glaub' mir, mein Junge. Jeder, der eine verantwortungsvolle Aufgabe übernimmt, sollte diejenigen, mit denen er zu tun hat, richtig einschätzen können. Das gilt für das Oberhaupt einer Familie ebenso wie für das eines Stammes. Am wichtigsten ist es aber für Heilerinnen, Heiler und Priester. Du solltest also die Gelegenheit nutzen und während des Ting noch ein wenig üben. Ach ja, Erja ist heute nicht mit zum Berg gekommen, aber du wirst sie heute Mittag treffen, dann seid ihr nämlich zum Essen in unser Lager eingeladen."

Hadamar klopft Anselm noch einmal auf die Schulter, dann wendet er sich um und mischt sich unter seine Leute. Anselm befolgt seinen Rat und beobachtet die Menschen auf dem Berg. Dabei denkt er über Hadamars Worte nach. Das Stammesoberhaupt hat viele Jahre damit verbracht, die Menschen seiner Sippe zu beobachten und einzuordnen. Anselm kennt die meisten von ihnen nur flüchtig, aber hier auf dem Berg, an den einzelnen Stationen fällt es ihm leicht, sich ein Bild von ihnen zu machen. Allerdings hat Ragin ihm noch nicht alle der magischen Orte erklärt. Er ist gespannt, wann sein Vater dies nachholen wird.

Gegen Mittag verlassen Hadamar und seine Sippe den Berg und kehren in ihr Lager zurück. Ragin, Anselm, Alwina und Wiborg folgen ihnen, um gemeinsam mit den Freunden zu speisen. Nur Adalwolf kehrt zu seiner eigenen Sippe zurück. „Es ist schade, dass unsere Mütter nicht hier sind", meint Wiborg, als er nach dem Essen eng Hand in Hand mit Alwina durch den verschneiten Wald wandert. „Dann hätten wir unsere Verbindung gleich hier bekannt geben können. Das wäre doch ein würdiger Rahmen." Alwina rückt ein wenig näher an ihn heran. „Das stimmt schon, Wiborg. Und ich bin wirklich traurig, dass auch deine Mutter in diesem Jahr nicht mit zum Berg gekommen ist. Ich mag sie nämlich sehr gerne. Aber es ist auch eine wichtige Aufgabe, sich um die zu kümmern, die zuhause bleiben müssen, weil sie zu alt, zu jung oder zu krank für eine solche Reise sind." Alwina bleibt stehen und macht eine kleine Pause, bevor sie Wiborg schelmisch anlächelt. „Ich glaube aber ohnehin, dass es dir nicht so sehr darum geht, unserem Versprechen einen würdigen Rahmen zu geben. Du bist einfach ungeduldig, weil du endlich das Lager mit mir teilen willst." Wiborg spürt, wie ihm die Röte ins Gesicht schießt. So hat Alwina noch nie zu ihm gesprochen. Verwundert schaut er zu ihr hinunter, doch Alwina scheint das Thema keineswegs peinlich zu sein. Und er muss zugeben, dass sie Recht hat. Schließlich übernachten sie nun schon seit Wochen im gleichen Raum, aber immer ist ein mehr oder weniger großer Teil von Alwinas Familie bei ihnen. In Wiborg hat sich eine Spannung aufgebaut, die er nur mühsam beherrschen kann. Alwina steht nun unmittelbar vor ihm und schaut ihn auf eine Weise an, die Wiborgs Beine ganz schwach werden lässt. „Glaub mir, Geliebter. Ich sehne mich genauso danach wie du. Doch wir sind es denen, die zurückgeblieben sind, schuldig zu warten, meinst du nicht?" Wiborg spürt, wie sich Alwinas Körper sanft an den seinen presst. „Aber ein bisschen können wir uns ja vielleicht doch näher kommen…"

Ganz in der Nähe haben auch Anselm und Erja einen Platz gefunden, der sie vor allzu neugierigen Blicken schützt. Allerdings gehen diese Jungverliebten noch sehr viel vorsichtiger miteinander um. Während sie reden und sich dabei unentwegt bei den Händen halten, kommt es beiden so vor, als sei ihnen noch niemals zuvor ein anderer Mensch so nahe gewesen. Bevor sie sich trennen, nimmt Anselm seine Geliebte entschlossen in die Arme und gibt ihr einen zaghaften Kuss, den sie zärtlich erwidert.

Als sie schließlich wieder am Berg ankommen, ist Anselm noch immer in Glückseligkeit versunken. Ragin beobachtet seinen schweigenden Sohn lächelnd. Schon einmal hat er nach einer Begegnung mit Erja seine Sprache verloren. Doch diesmal sieht er dabei wesentlich zufriedener aus. Die beiden scheinen auf einem guten Weg, denkt Ragin, und für einen Moment überfällt ihn ein Anflug von Traurigkeit. Schon bald werden seine beiden ältesten Kinder ihr eigenes Leben erleben. Und auch wenn sie in seiner Nähe bleiben, wird es nie mehr so sein wie bisher. Doch dann denkt Ragin an die neue Generation, die schon bald aus diesen Verbindungen erwachsen wird, und er kommt zu dem Schluss, dass dies eine mehr als üppige Entschädigung für den Verlust sein wird. „Deinem Lächeln nach zu urteilen, denkst du gerade an etwas sehr Schönes, Vater." Alwina ist neben Ragin getreten und schmunzelt ihn verschmitzt an. Normalerweise ist es Ragin, der in den Gesichtern der anderen liest, doch diesmal hat seine Tochter ihn überrumpelt. „Ja, du hast Recht, meine Große. Ich habe gerade an die vielen Enkel gedacht, die du und Wiborg mir bald schenken werdet. Und das ist doch wirklich etwas Wunderschönes, oder?“ Wiborg, der neben Alwina geht, blickt entsetzt zu Ragin hinüber. Sein Gesicht wird erst leichenblass und wechselt dann blitzschnell zu einem tiefen Rot. Dann schaut er schnell in eine andere Richtung. Ragin ist einen Moment lang völlig verblüfft; noch niemals hat er einen so schuldbewussten Menschen gesehen. Prüfend schaut er Alwina an, die sich deutlich besser unter Kontrolle hat als Wiborg, nun aber ebenfalls verlegen zu Boden schaut. Schlagartig wird Ragin klar, dass seine Enkelkinder sehr viel schneller eintreffen könnten, als schicklich wäre. Er überlegt einen Augenblick, ob er wütend werden soll, doch dann prustet er los und kann vor Heiterkeit kaum sprechen. „Nun sieh´ einer an: Ihr hattet offenbar heute Nachmittag den gleichen Gedanken! Nun, dann sollten wir uns besser mit dem Nachhause kommen beeilen.“ Während das junge Paar sich am liebsten in einem Mauseloch verkriechen würde, hat Ragin offenbar beschlossen, deren Situation noch ein wenig auszukosten. Strafe muss schließlich sein, denkt er amüsiert und macht keine Anstalten, das Thema zu wechseln. Stattdessen scheint er sich überhaupt nicht mehr von seinem Lachanfall zu erholen. Wiborg und Alwina werden erlöst, als Modoroks Sippe eintrifft, um die Stationen des Berges abzugehen. Wiborg gesellt sich erleichtert zu Anselm und beobachtet mit ihm die Männer und Frauen an den verschiedenen Plätzen. Es fällt ihnen nun immer leichter den Einfluss der Plätze auf ihre Besucher zu erkennen. Alwina hat zu ihrer Unbefangenheit zurückgefunden, drückt ihrem Vater einen Kuss auf die

Wange und geht zurück zur Hütte. Sie will unter dem Schnee nach Kräutern suchen, die die Kälte des Winters erhalten hat, und dann das Abendessen vorbereiten. Ragin lässt die Jungen eine Zeitlang alleine, dann geht er zu ihnen hinüber und legt jedem von ihnen einen Arm um die Schulter. „Kommt mit, ihr beiden“, sagt er vergnügt. „Es gibt noch einige Orte auf diesem Berg, über die ihr nichts wisst.“ Er führt sie zu Odins Auge. „Dies ist der Platz, den ihr als letztes erreicht. Er stellt einen Menschen in seiner Gesamtheit dar“, erklärt Ragin. „Von hier aus habt ihr all eure Gefühle um euch herum angeordnet: Ihr spürt Leidenschaft, fühlt Glück und Zweifel, aber zum Beispiel auch die Widersacher, die sich tief in eurer Seele verbergen und euch auf eurem Gang durchs Leben ständig Hindernisse in den Weg werfen. Wenn ihr nach Osten schaut, der aufgehenden Sonne entgegen, dann ist Tyr in eurem Rücken. Er ist der tapferste unter den Asen. Auch Tyr ist ein Kriegsgott, aber er steht für den ehrenhaften Kampf und damit für eine Macht, die gerechtfertigt ist. Wenn ihr Macht ausüben könnt, müsst ihr euch stets fragen, ob es auch ehrenhaft und gerecht ist, dies zu tun. Nicht alles, was man kann und nach unseren Gesetzen vielleicht sogar darf, ist in bestimmten Situationen auch angemessen oder schicklich. Wenn es der Gemeinschaft dient, muss man manchmal auf sein Recht oder auf seine Macht verzichten. Diese Gedanken stehen in deinem Rücken, wenn du das Ende deiner Entwicklung erreicht hast und Führer einer Familie oder sogar einer ganzen Sippe bist. Wenn Klugheit und Weisheit deine Ratgeber sind, dann zeigt sich die Ausübung deiner Macht oft im Verzicht.“ Anselm hört seinem Vater aufmerksam zu. Er hat das Gefühl, dass er soeben etwas sehr Wichtiges von ihm gelernt hat.

Tief in seinem Innern weiß er, dass Ragin Recht hat und dass er sich in seinem Leben noch oft an diesen Moment auf dem Berg erinnern wird. Er denkt an Tyr und die Geschichten über ihn, die er schon seit seiner Kindheit kennt. Tyr hat seine Hand für die Ehre der Götter geopfert und Anselm ist sicher, dass er genauso handeln würde. Wiborg gehen ganz ähnliche Gedanken durch den Kopf. Auch er versteht die Botschaft in Ragins Worten und fühlt die Tiefe ihrer Wahrhaftigkeit. Im Gegensatz zu seinem Freund fehlt ihm jedoch die Zuversicht, dass er den Mut besitzen würde, ebenso edel zu handeln wie der Ase. „Eigentlich will ich auch gar kein großer Führer sein", gesteht Wiborg sich im Stillen ein. „Es reicht mir aus, mich um meine Familie zu kümmern und selbst dabei will ich die Verantwortung gern mit einer so klugen und starken Frau wie Alwina teilen." Ragin unterbricht die Gedanken der Jungen und führt sie zu dem Platz links der Treppe. „Hier findet ihr den Verkünder. Dieser Ort ist Bragi und Idun gewidmet. Bragi ist der Gott der Redekunst und Idun ist die Erneuernde. Hier endet der Weg, der bei euren Wünschen und Träumen begann, euch über Missgunst und Zweifel, Wankelmut und Widerstand zu Glück, Lebensfreude, Kraft und Mut geführt hat. Am Ende kommt ihr bei eurer eigenen Erneuerung an; das ist der glückliche Abschluss eines mühevollen Weges. Deshalb sind die meisten Menschen auch aufgefordert, diese Erneuerung aller Welt zu verkünden. Wir sind jedoch wegen unserer Aufgabe und der Stellung, die wir dadurch in der Gemeinschaft innehaben, von dieser Verkündung ausgenommen. Genau wie die Oberhäupter und die anderen Priester. Uns steht jedoch die gerechtfertigte Macht auf Tyrs Platz zu – ein Ort, der den meisten anderen Menschen für immer verschlossen bleibt, weil sie niemals die notwendige Reife erlangen." Einen Augenblick schaut Ragin in die nachdenklichen Gesichter seiner Schüler. „So, nun kennt ihr fast den ganzen Berg. Den Rest werdet ihr beim nächsten Vollmond erfahren, falls es euch bestimmt ist, auch die letzten Geheimnisse dieser heiligen Stätte zu erfahren." Ohne eine weitere Erklärung wendet Ragin sich von den beiden jungen Männern ab und geht zu Modorok hinüber, der aufmerksam die Mitglieder seiner Sippe beobachtet. Anselm und Wiborg bleiben ein wenig ratlos zurück.

Die Tage bis zum Vollmond verbringen die Menschen am Berg mit den Vorbereitungen für das Ting und das große Fest, das anschließend gefeiert wird. Überall wird geschlachtet, geräuchert, gebraut und gebacken. In angemessener Entfernung zum Berg entsteht ein bunter Markt, auf dem die Frauen ihre kunstvollen Stoffe und Händler alle möglichen exotischen Waren zum Tausch anbieten. Alwina kümmert sich um eine junge Frau aus Modoroks Sippe, die seit ihrer Ankunft am Berg von Moorgeistern geplagt wird. Die Salbe, die Alwina ihr verordnet hat, lindert zwar ihre Angst, vertreiben kann sie die Geister jedoch nicht, und so bittet Alwina Ragin schließlich um einen stärkeren Zauber. Am Abend in der Hütte zieht Ragin ein Stück Leder aus seinem Bündel hervor und ritzt mit Godwin Zeichen und Runen hinein. Dabei murmelt er ständig vor sich hin. Als er schließlich fertig ist, wendet er sich an Anselm, Wiborg und Alwina, die ihn die ganze Zeit fasziniert beobachtet haben. „Seit Erntrud mit ihrer Familie am Moor lagert, wird sie von Wesen heimgesucht. Ich weiß noch nicht genau, was in Erntrud vorgeht, deshalb habe ich einen Schutz gewählt, der alle Wesen bannen soll, die an Wasser oder Moor gebunden sind. Erntrud selbst befindet sich in der Mitte dieses Bildes. In allen vier Himmelsrichtungen seht ihr die Rune Turisaz, die einen Dorn darstellt und der Abwehr dient. Ihr gegenüber ist die Rune Laukaz, die für Wasser steht. Zwischen den Runen sind Spiralen angeordnet, die die Geister verwirren und einfangen sollen. Der Zauber wird mit Schnüren und Eschenstäben über Erntruds Schlafstätte gespannt. Dieser Zauber wird sie bis zu ihrer Abreise schützen."

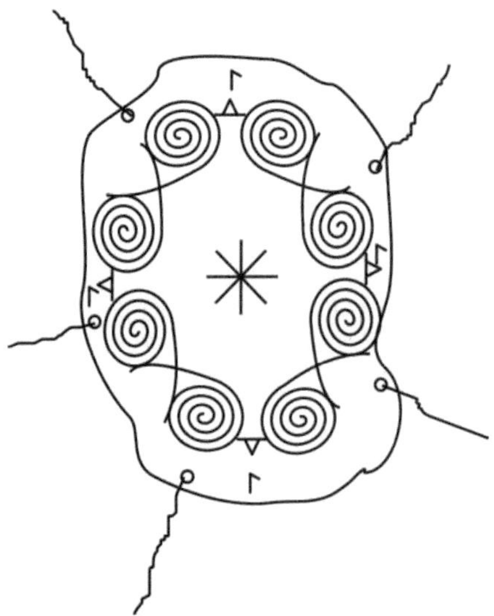

Abb. 9: Das Ledertuch

Alwina schaut ihren Vater dankbar an und will nach dem Leder greifen, um es gleich am Morgen in Modoroks Lager zu bringen. „Warte", sagt Ragin ernst. „Der wirkliche Grund für Erntruds Unruhe liegt nicht bei den Moorgeistern. Die können ihr hier am Berg nichts anhaben. Es muss deshalb etwas anderes sein, das sie ängstigt. Etwas, das mit ihr selbst zu tun hat. Vielleicht hat sie irgendwann einmal etwas Frevelhaftes in der Nähe des Moores getan und findet deshalb jetzt keine Ruhe. Du solltest mit ihr zu Nidhöggr gehen, dort wird sie sich an alles erinnern. Nur dann kannst du ihr helfen. Sei aber behutsam, sie leidet sehr, und die Begegnung mit einer Vergangenheit, die ihr heute unangenehm ist, kann die Wunde in ihrer Seele noch vertiefen. Aber nur so kann sie auch wieder heil werden." Alwina nimmt das Leder lächelnd von Ragin entgegen. „Danke, Vater. Ich glaube, in diesem Fall nehme ich Erja mit. Sie versteht sich ausgezeichnet auf die Seele der Menschen. Sie wird die richtigen Worte finden." „Das ist eine gute Idee, meine Tochter", antwortet Ragin und lächelt nun ebenfalls wieder. „Erja hat wirkliche eine ganz besondere Gabe, mit Mensch und Tier umzugehen. Manchmal habe ich den Eindruck, schon ihre Gegenwart heilt die verletzte Seele. Sie wird eine große Bereicherung für unsere Familie sein." Erstaunt, aber auch voller Stolz bemerkt Anselm die Hochachtung, mit der sein Vater und seine Schwester über Erja sprechen. Allerdings hätte er nicht geglaubt, dass auch andere Menschen den Zauber spüren, der von Hadamars Tochter ausgeht. Einen Moment lang empfindet Anselm ein tiefes Gefühl der Sehnsucht in seiner Brust, doch dann lenkt ihn ein anderer Gedanke ab und er wendet sich an Ragin. „Nun verstehe ich viel besser, warum ein so hässliches Wesen wie Nidhöggr überhaupt einen Platz auf dem heiligen Berg hat. Wer sich zu seiner edlen Bestimmung hin entwickeln will, muss sich auch den schlechten Taten und Eigenschaften aus seiner Vergangenheit stellen, damit sie aufgelöst werden können." „Das ist richtig, mein Junge." Diesmal ist es Ragin, der stolz dreinschaut, weil sein Sohn die tiefe Bedeutung seiner Einführung in den Berg verstanden hat. „Selten sind wir von Natur aus so rein und edel, wie unsere eigenen Vorstellungen von Würde und Ehre es erfordern. Wir tun immer wieder Dinge, die uns später verwerflich erscheinen. In der Erkenntnis, dass wir Unrecht begangen haben, können wir es aber auch wieder aus der Welt bringen. Dafür müssen wir uns jedoch mit demjenigen einigen, dem wir dieses Unrecht angetan haben." Anselm, Alwina und Wiborg denken noch über Ragins Worte nach, als ihre Seele schon in den Schlaf hinübergleitet.

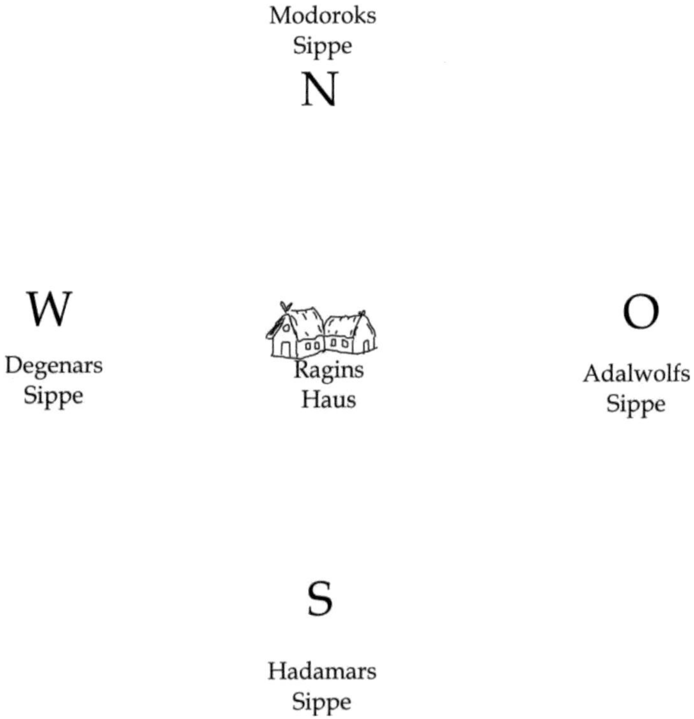

Abb. 10: Die vier Stämme

Schließlich trifft auch Degenar mit seiner Sippe ein. Damit sind alle Mitglieder aus Ragins Bezirk am Berg versammelt. Auch diesmal gibt es eine herzliche Begrüßung, denn Degenar ist mit Ragins Schwester Ansruna verheiratet und die hat neben vielen Neuigkeiten auch Geschenke für Godelief und den kleinen Sonnwinni mitgebracht. Einen besonders schön gewebten Stoff sucht sie schließlich für Lynn heraus, als sie hört, dass ihre jüngste Nichte diesmal nicht mit zum Berg kommen konnte. Aus Modoroks, Hadamars und Adalwolfs Lager kommen Männer und Frauen herüber, die Degenars Leuten helfen, ihr Lager herzurichten. Überall herrscht nun geschäftiges Treiben und schließlich sind alle Sippen, die zum Ting erwartet werden, eingetroffen und haben sich eingerichtet.

Zum Glück sind die Eisschollen auf dem Meer verschwunden, und auch der Schnee am Strand ist beinahe völlig getaut, so dass auch diejenigen, die übers Wasser gekommen sind, keine Probleme hatten, ihr Lager zu erreichen. Alwina ist wie immer damit beschäftigt, kranke und verletzte Besucher mit ihren Kräutern und Salben zu versorgen. Bei einem ihrer Abstecher auf den Berg fällt ihr eine hochschwangere junge Frau auf, die unentschlossen und schwerfällig zwischen den Stationen umherirrte. Alwina führt sie schließlich zur Mondhütte und liest aus den Runen. Es sieht so aus, als stünde die Geburt unmittelbar bevor. „Es dauert nicht mehr lange, bis dein Kind zur Welt kommt. Du solltest besser zu deiner Sippe zurückkehren, damit die Frauen dir bei der Geburt zur Seite stehen können.“ Zu Alwinas Erstaunen treten der jungen Frau bei diesen Worten Tränen in die Augen. „Wir gehören zu keiner der Sippen hier am Berg. Wir sind mit einem Händler vom Festland hierhergekommen und hatten gehofft, irgendwo aufgenommen zu werden, bevor unser Kind geboren wird. Doch dann hat sich unsere Reise immer wieder verzögert und nun sind wir ganz auf uns gestellt." Alwina schaut in das zarte Gesicht der jungen Frau, die sie aus verzweifelten Augen anschaut. „Wir haben nur eine kleine Hütte hier am Berg, aber wir werden schon einen guten Platz für dich finden", muntert Alwina die unglückliche junge Frau auf. „Wo ist dein Mann?" Der kommt gerade herbei geeilt und schaut sein junges Weib liebevoll, aber auch besorgt an, als Alwina ihm erklärt, dass sein Kind schon bald zur Welt kommen wird. Wiborg, Adalwolf und Gefion haben Alwina und das junge Paar entdeckt und kommen zu ihnen herüber. Gerda und Birk, so heißen die jungen Leute, erzählen Alwina und den Neuankömmlingen von ihrer Heimat auf dem Festland, die viele Tagesreisen von hier in den Wäldern des Ostens liegt. „Unsere Sippe ist vor mehr als zwei Jahren von einem feindlichen Stamm überfallen und getötet worden", erklärt Birk. Wir sind dem Tod nur entronnen, weil wir an diesem Tag zu einem etwas weiter entfernten Markt gereist waren."

Birk stockt einen Moment, bevor er fortfährt; Gerda fängt leise an zu weinen. „Aber Alger, unser kleiner Sohn, der bei meiner Familie geblieben war, ist bei dem Überfall getötet worden. Er war erst ein halbes Jahr alt." Birk lässt sich seinen Schmerz nicht anmerken, aber seine Stimme ist belegt, als er weiter spricht. „Seitdem sind wir unterwegs und suchen nach einem neuen Zuhause. In unserer alten Heimat konnten wir nicht mehr bleiben. Jeder Tag war für uns erfüllt mit schmerzhafter Erinnerung." Alwina hat einen Arm um die weinende Gerda gelegt und versucht die fremde junge Frau zu trösten. Gefion und Adalwolf schauen sich am

Ende von Birks Bericht kurz an. „Nun", sagt Gefion dann entschieden, euch Unglück soll an diesem heiligen Ort beendet werden. Kommt mit in unser Lager. Dort kannst du in aller Ruhe dein Kind zur Welt bringen, Gerda. Unsere Frauen werden dir helfen. Außerdem haben wir ja auch noch Alwina, die sich bestimmt ebenfalls um dich kümmern wird." Alwina schaut Wiborgs Verwandte dankbar an und pflichtet Gefion bei. Die schaut zu ihrem Mann hinüber und blinzelt ihm zu. „Wer weiß, wenn wir uns gut verstehen, finden wir vielleicht sogar ein Plätzchen in unserer Siedlung, auf dem ihr in Zukunft leben könnt. Natürlich nur, wenn es euch bei uns gefällt…"

Gerda und Birk schauen den hünenhaften Mann mit dem wilden Bart und seine resolute rundliche Frau verblüfft an. Erst ganz langsam dämmert ihnen, dass ihnen gerade die Aufnahme in Adalwolfs Sippe angeboten wurde. Während Birk noch immer wie erstarrt an seinem Platz steht und offenbar überhaupt nicht weiß, wie ihm geschieht, greift Gerda nach Gefions Hand, um sie zu küssen. Doch die Ältere nimmt ihre Finger schnell zurück und zieht die junge Frau stattdessen behutsam mit sich fort. „Mein liebes Kind, nun übertreib´ mal nicht", hört Alwina sie lachend sagen, „Du weißt ja nicht, wie verrückt es in unserer Sippe manchmal zugeht. Vielleicht bist du in einigen Monaten froh, wenn du uns wieder verlassen kannst." Adalwolf versetzt dem noch immer schweigenden Birk mit einer seiner beachtlichen Pranken einen freundschaftlichen Hieb auf die Schulter, der den überraschten jungen Mann beinahe in die Knie gezwungen hätte.

Doch Wiborg, der die freundschaftliche Geste vorhergesehen hat, fängt seinen neuen Wahlverwandten elegant auf.

Dann folgen Adalwolf und Birk den beiden Frauen. Wiborg und Alwina schauen sich schmunzelnd an. „So schnell können an diesem magischen Ort Wünsche in Erfüllung gehen“, grinst Wiborg. „Das war die schnellste Adoption, von der ich je gehört habe.“ „Ja“, lacht Alwina ihren Geliebten glücklich an. „Die beiden werden wohl einige Zeit brauchen, um sich an ihre neue Sippe zu gewöhnen. Vor allem Birk tut mir fast ein bisschen leid. Denn ich befürchte, der liebevolle Klaps auf seine Schulter war nur der Anfang einiger sehr schmerzlicher Zuneigungsbekundungen.“

Tatsächlich bleibt Adalwolf zunächst nur wenig Zeit, sich mit seinem Sippenzuwachs zu beschäftigen. Für ihn und Ragin wird es nämlich höchste Zeit, sich um Hakons Platz zu kümmern. Der Hohepriester wird am nächsten Tag erwartet und dann muss seine Behausung fertig sein. Wiborg und Anselm, die Ragin auf dem Berg zu sich ruft, sind verblüfft. „Ich dachte, wir kennen den ganzen Berg“, meint Wiborg. „Ganz im Norden befindet sich ein kreisrunder kleiner Platz, auf dem Hakon während des Ting leben wird“, erklärt Ragin seinen Schülern. „Dort kann er bestimmte Dinge vorbereiten, die für das Vollmondritual von großer Bedeutung sind.“ Gespannt folgen Anselm und Wiborg den beiden Älteren um den Berg. Am nördlichsten Punkt biegen sie vom Weg ab und durchdringen ein dichtes Gebüsch, hinter dem sich der Platz des Höchsten Priesters verbirgt. Die kleine Lichtung ist bereits vom Schnee befreit; an ihrem nördlichen Ende sind in einem offenen Kreis sieben Steinfassungen angeordnet. Etwa in der Mitte der Figur steckt ein reich verzierter Holzstab in der Erde, auf dessen Spitze der blanke Schädelknochen eines Ochsens steckt.

Diesmal spricht Anselm aus, was er und Wiborg denken. „Wer hat das gemacht?“ Ragin und Adalwolf lachen laut auf. „Das haben wir gemacht, als ihr mit angenehmeren Dingen beschäftigt wart“, erklärt Ragin feixend und wirft Wiborg dabei einen vieldeutigen Blick zu. Der läuft rot an, sagt aber nichts. Noch immer lachend erlöst Ragin seinen künftigen Schwiegersohn aus der misslichen Lage. „Im Ernst: Dieser Ort ist besonders geschützt; außer dem Hohepriester und seinem Gefolge darf ihn niemand betreten.“ „Aber Vater, dürfen Wiborg und ich dann überhaupt hier sein?“, platzt es aus Anselm heraus. „Ganz ruhig, Junge. Es ist schon in Ordnung, dass ihr hier seid. Du weißt ja, dass ich der Heiler, Magier und Priester für die vier Siedlungen bin, die rund um unser Haus liegen. Das ist eine alte Familientradition. Wir heilen die Menschen und Tiere in unserem Gebiet und die Leute in den Siedlungen versorgen uns im Gegenzug mit einem großen Teil der Lebensmittel, die wir zum Leben brauchen. Denn wenn ich vom Frühling bis zum späten Herbst von Dorf zu Dorf ziehe, um nach dem Rechten zu schauen, bleibt nur wenig Zeit für das Bestellen der Felder oder die Viehzucht. Adalwolf ist mein Stellvertreter. Soweit decken sich unsere Aufgaben mit denen der anderen Priester auf der Insel. Aber uns obliegt eine weitere Aufgabe: Wir müssen vor dem Ting die Heiligen Stätten herrichten. Dazu gehört auch dieser Platz. Eines Tages wirst du auch diese Pflicht von mir übernehmen, Anselm; und Wiborg tritt an Adalwolfs Stelle. Deshalb habe ich euch in diesem Jahr in die Geheimnisse des Berges eingeführt.“

Ragin sieht den beiden jungen Männern an, dass sie noch viele Fragen haben, und fährt fort. „Ihr wisst ja, dass ein Priester und Heiler immer für vier Siedlungen zuständig ist.

Das ist uralte Tradition. Wir haben 16 Siedlungen auf unserer Insel. Das bedeutet, dass es für unsere Stämme vier Priester gibt.

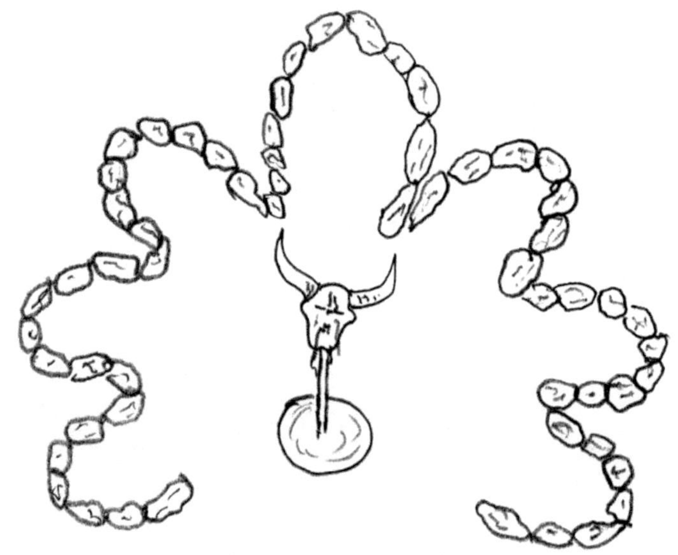

Abb. 11: Der Platz des Priesters

Für die ganze Insel gibt es einen Hohepriester. Hakon wird bei Vollmond zu uns stoßen. Er kommt aus dem Süden des Landes, von wo aus wir das Festland sehen können. Das Wasser, das unsere Insel umgibt, ist ein wichtiger Schutz und hat uns seit langer Zeit den Frieden bewahrt. Das erscheint euch vielleicht selbstverständlich, aber auf dem Festland geht es keinesfalls so friedlich zu wie hier bei uns. Überfälle durch verfeindete Stämme sind dort an der Tagesordnung." Wiborg und Anselm wollen noch mehr über diese Dinge und vor allem über Hakon wissen, den sie bislang nur als sagenhafte Gestalt kennen, der sie noch niemals begegnet sind. Doch Adalwolf winkt ab. „Was der Höchste Priester hier tut, weiß nur dein Vater, Anselm. Er ist der Einzige, der während der magischen Rituale in seiner Nähe sein darf. Und ich glaube nicht, dass er uns an seinem Wissen teilhaben lässt.“ Wiborg und Anselm schauen Ragin voller Ehrfurcht an. In den letzten Tagen haben sie viel von ihrem Lehrmeister gelernt und eine Ahnung davon bekommen, dass Anselms Vater eine wichtige Position in der Gemeinschaft innehat. Dass er so hohes Ansehen genießt, hätten sie jedoch nicht gedacht. Besonders Anselm ist erstaunt und seine Bewunderung für Ragin wächst. Er hat nie darüber gesprochen, dass er dem Höchsten Priester so nah ist, denkt er. Andere wären eitel und anmaßend geworden, aber Vater ist immer bescheiden und demütig geblieben. Hoffentlich werde ich eines Tages genauso gelassen mit Ruhm und Ehre umgehen können.

Gemeinsam richten die vier Männer die bescheidene Hütte her, in der Hakon während seiner Anwesenheit auf dem Berg leben wird. Dann gehen sie zum Steilhang und blicken auf die kleine Bucht hinunter, in der die Boote anlegen. Hier wird auch Hakon morgen landen. Zum Glück sind die Eisschollen auf dem Meer schon seit Tagen verschwunden und auch der meiste Schnee ist vom Strand verschwunden. Adalwolf weist einige seiner Männer an, noch mehr Holz herbeizuschaffen, damit das Signalfeuer für den Höchsten Priester hell scheint. Dann gehen die Vier zum Strand hinunter, wo sich bereits die meisten Mitglieder der anwesenden Sippen um mehrere Lagerfeuer versammelt haben. Für Anselm und Wiborg war dies früher immer der schönste Teil der Versammlungen: Nachdem alle Vorbereitungen für das große Fest abgeschlossen sind, kommen alle zusammen, um bis zum Sonnenuntergang zu schwatzen. Es gibt zwar kein großes Gelage wie am Abend des Festtages. Aber dafür gibt es auch weniger Streit, denn Met und Bier bleiben an diesem Abend unangetastet. Insgesamt sind alle in einer friedlichen Stimmung und voll gespannter Erwartung. Diesmal sind Wiborg und Anselm allerdings aufgeregter als sonst, denn morgen wird ein besonderer Tag für sie sein. Nach allem, was sie bislang über den Berg und seine Geheimnisse gelernt haben, werden sie morgen zum ersten Mal am Großen Ritual der Eingeweihten teilnehmen. Anselm weiß zwar noch nicht genau, was dies für sein Leben bedeuten wird, aber er ahnt, dass er künftig sehr viel mehr Verantwortung für sich selbst und für andere tragen muss. Ich muss anfangen, Vaters Aufgaben zu übernehmen, schießt es ihm plötzlich mit tiefer Gewissheit durch den Kopf.

Dieser Gedanke hat etwas Bedrückenden, denn Anselm ist klar, dass die Unbeschwertheit der Jugend damit endgültig hinter ihm liegt. Gleichzeitig macht ihn das jedoch auch unglaublich stolz und erfüllt sein Innerstes mit tiefer Ehrfurcht. An dem Ausdruck auf Wiborgs Gesicht erkennt er, dass der Freund ganz ähnlich empfindet. Auch Ragin und Adalwolf ahnen offenbar, was in den beiden jungen Männern vorgeht. „Nun, Jungs“, dröhnt Adalwolf. „Ihr solltet die Gelegenheit nutzen und euch von eurer Kindheit verabschieden. Macht euch schon davon und trefft eure Freunde. Und irgendwo warten, glaube ich, auch zwei äußerst liebreizende Jungfrauen auf Gesellschaft. Aber lauft nicht so weit weg, wir brauchen euch später noch einmal.“ Wiborg schaut seinen Onkel bei diesen Worten unsicher an. Ist das vielleicht schon wieder ein Scherz auf seine Kosten? Aber in Adalwolfs Blick ist keine Spur von Ironie. Und auch Ragin, dem Wiborg nur einen scheuen Blick von der Seite zuwirft, hat diesmal offenbar nicht vor, in der Wunde zu bohren. Also befolgen Wiborg und Anselm Adalwolfs Rat und mischen sich unters Volk, treffen alte Freunde wieder und genießen den Rest des Abends mit Alwina und Erja.

Als sich die Dämmerung über den Strand legt, zieht sich das Volk langsam zurück. Ragin steht mit drei anderen Männern etwas abseits. Anselm und Wiborg haben beobachtet, dass die Vier sich mit seltsamen Handzeichen begrüßt haben. Ragin ruft die Jungen zu sich herüber und stellt ihnen Aswin, Leifr und Birger vor, die drei anderen Priester der Insel. „Ihr solltet euch nun von den Mädchen verabschieden. Wir müssen noch einmal zum Berg zurück, um ihn auf unseren Ting vorzubereiten. Das wird eine Weile dauern." Gemeinsam mit Adalwolf holen Anselm und Wiborg aus dessen Lager drei hoch mit Feuerholz und Reisig beladene Schlitten, die dort bereits vorbereitet stehen. Als sie mit ihrer Ladung zum Berg kommen, warten die vier Priester schon auf sie. Alle haben sich in ihre Festumhänge gekleidet und tragen ihre hohen Priesterstöcke bei sich. Auf der Mitte des unteren Platzes entzünden Adalwolf und die Jungen ein großes Feuer, an dem die Priester Fackeln entzünden, die sie zum oberen Platz tragen. Adalwolf, Anselm und Wiborg schaffen weiteres Holz herbei und tragen es nach oben, wo sie in einem großen Kreis mehrere kleinere Feuer entzünden. Dann schließen sie das Rund mit den 24 kniehohen Findlingen, die sie in den letzten Tagen am Rand des Platzes zusammengetragen haben. Die Priester sind nach einem feierlichen Gang, der offenbar einer geheimnisvollen Ordnung folgt, in der Mitte des Kreises angelangt und beginnen zu graben. Als die Grube etwa knietief ist, stoßen sie offenbar auf Gegenstände, die Anselm und Wiborg aus der Entfernung nicht erkennen können. Adalwolf achtet darauf, dass die Jungen nicht zu nah an das Loch herankommen und so müssen sie ihre Neugierde zügeln. Aus ihren Beuteln ziehen die Priester weitere Dinge und legen sie ebenfalls in die Grube.

Anselm und Wiborg glauben, im Zwielicht des Feuerscheins einige Knochen und mehrere Runensteine zu erkennen. Dann schütten die Priester die Grube wieder zu und treten die lockere Erde darüber sorgfältig fest. Anschließend nehmen Ragin, Leifr, Aswin und Birger ihre Lederschilde und Ritualmesser aus den Beuteln und treten in die Mitte des Kreises. Die Schilde halten sie in der erhobenen linken, die Messer in der rechten Hand. Zwischen ihnen beginnt eine Wechselrede, während der sie immer wieder kräftig auf die eigenen und die Schilde der anderen schlagen. Nun tragen die vier Magier Feuer in die Mitte des Kreises, holen ihre reich verzierten Trinkhörner und füllen sie mit Met aus einem Lederschlauch, der am Rand des Feldes bereit liegt. Begleitet von rituellen Gesten und Gesängen, trinken sie aus ihren Hörnern und gießen dann ein wenig von der Flüssigkeit ins Feuer. Das Ganze wiederholen sie dreimal, bevor sie alles aus dem Kreis heraustragen. Nur ihre Messer legen sie mit der Spitze Richtung Kreismitte auf den Boden, fassen sich gegenseitig mit den Händen um die Schulter und bilden einen Kreis ums Feuer. Eine Zeitlang verweilen sie schweigend in dieser Haltung. Dann lösen sie sich voneinander und schichten die Steine gemeinsam mit Anselm, Wiborg und Adalwolf über dem Feuer auf. Während die Flammen noch eine ganze Weile weiter brennen, holt Adalwolf einige Lederbecher aus seinem Beutel und füllt sie mit Met. Diesmal trinken die Gefährten sich in deutlich gelösterer Stimmung zu und Birger wendet sich fröhlich an die beiden Neulinge. „Nun habt ihr schon wieder etwas gelernt. Das muss eine aufregende Zeit für euch sein. Wir haben den Ort vorbereitet, den der Höchste Priester morgen nutzen wird. Bevor die große Zeremonie beginnt, werden wir ihn noch einmal aktivieren. Passt gut auf, denn schon bald werdet ihr diese Arbeit verrichten müssen."

Das Fest

Mit dem ersten Tageslicht füllt sich das Gelände um den Berg mit Menschen. Als Anselm, Wiborg und Alwina eintreffen, brennen schon überall wärmende Feuer. Auch wenn die letzten Tage ungewöhnlich mild waren und Gedanken an den heraufziehenden Frühling weckten, sind die Nächte noch bitterkalt. Die drei jungen Leute haben sich mit Erja verabredet, die auch bald zu ihnen stößt. Gemeinsam wollen sie sich das bunte Treiben anschauen, bevor sie wieder ihren Pflichten nachgehen müssen. Alwina will später nach den Kranken schauen, die sich am Berg versammeln, um wieder zu Kräften zu kommen. Später wird sie dann Gerda besuchen, die in der Nacht ein gesundes Töchterchen zur Welt gebracht hat, in das die selbst ernannte Großmutter Gefion schon jetzt ganz vernarrt ist. Anselm und Wiborg wissen nicht so genau, was heute auf sie zukommen wird, aber sie sind schon sehr aufgeregt. Trotzdem genießen sie den kühlen Morgen in der Gesellschaft ihrer Liebsten. Langsam schlendern sie umher und schauen sich das üppige Angebot an. Überall duftet es nach köstlichen Speisen und heißem, gewürztem Bier.

Alwina und Erja haben ein Auge auf die mit fremdländischen Mustern verzierten Schüsseln und Töpfe geworfen, die ein Töpfer um sich herum ausgebreitet hat. Wiborg bewundert die reich verzierten Broschen und Fibeln eines Kunstschmieds, während Anselm nach einem neuen Messer Ausschau hält. Allerdings kann sich keiner von ihnen entschließen, etwas zu erstehen. Schließlich halten sie an einem der Feuer inne und Alwina tauscht einige Hirschhornknöpfe gegen heißen Kräutertee ein. Die jungen Leute lassen sich noch ein wenig über den Markt treiben. Am Stand eines dunkelhäutigen Händlers, dessen Sprache sie nicht verstehen, tauscht Alwina einige ihrer Salben und Kräuter gegen besonders fein gewebte Stoffe ein. Daraus will sie für Wiborg und sich selbst neue Kleider nähen, die sie am Tag ihrer Hochzeit tragen wollen. Am späten Vormittag verlässt Alwina die anderen, um sich den Kranken zu widmen. Kurze Zeit später steht Ragin plötzlich neben Wiborg und Anselm. Er ist in seinen besten Umhang gekleidet, um seinen Hals hängen mehrere Ketten mit magischen Amuletten. Auch die Spitze seiner reich bestickten Lanze ist mit Amuletten verziert. „Ihr solltet zur Hütte gehen und eure Festkleidung anlegen. Der Höchste Priester will uns noch vor dem Opferritual sehen." Gemeinsam gehen sie zur Hütte, wo Anselm und Wiborg ihre prächtigsten Mäntel umlegen. Voller Stolz befestigt Anselm die Fibel, die Ragin ihm geschenkt hat und die er für diesen bedeutenden Moment aufgehoben hat. Wiborg trägt die Brosche seines verstorbenen Vaters mit der gleichen Ehrfurcht. Schnellen Schrittes eilen sie schließlich mit Ragin zu dem kleinen verborgenen Platz, den sie am Tag zuvor für Hakon und sein Gefolge hergerichtet haben.

Unterwegs treffen sie auf den ebenfalls festlich gekleideten Adalwolf, der sich ihnen wortlos anschließt. Es ist kurz nach Mittag, als die vier Männer auf die kleine Lichtung treten. Aswin, Birger und Leifr sind bereits da. Sie stehen etwas abseits und beobachten drei Männer, die sich um ein Wildschwein kümmern, dass an einem Spieß über einem Feuer hängt. Neben der kleinen Hütte sind noch drei Zelte aus dem Boden gewachsen, die offenbar Hakons Begleiter beherbergen. Hakon steht vor seiner Hütte. Er ist groß und sieht beinahe hager aus. Mit seinem wallenden hellen Gewand, dem langen weißen Haar und dem ebenso weißen rauschenden Bart wirkt er vor der dunklen Wand des Waldes wie eine Gestalt aus einer der vielen Sagen, die seit Generationen an den Feuern der Stämme erzählt werden. Neben ihm stehen zwei junge Männer, die in lange braune Umhänge gehüllt sind. Mit einer kaum merklichen Bewegung seiner Hand winkt Hakon die Ankömmlinge heran. Ragin, Adalwolf, Anselm und Wiborg gehen langsam zu ihm hinüber, bleiben aber in gebührendem Abstand vor dem Hohepriester stehen. Der schaut sie aus seinen klaren blauen Augen aufmerksam an. Obwohl sein Gesicht nichts als Gelassenheit ausdrückt, spüren Anselm und Wiborg sehr deutlich, dass dies eine letzte Prüfung für sie ist. „Ich grüße euch, Ragin, Adalwolf, Anselm und Wiborg."

Hakons ruhige klare Stimme erfüllt den kleinen Platz bis in den letzten Winkel. Die anderen Anwesenden schauen kurz herüber, wenden sich dann jedoch wieder ihren eigenen Gesprächen zu. Nur die beiden Gehilfen Hakons stehen neben ihm wie festgewurzelt, lächeln die Ankömmlinge aber freundlich an. Vom Höchsten Priester geht etwas so Würdevolles und Magisches aus, dass Anselm und Wiborg nicht im Geringsten erstaunt sind, dass Hakon ihre Namen kennt. Fasziniert betrachten sie die jugendlichen Augen in dem faltigen Gesicht. Nun wendet Hakon sich direkt an die beiden Jungen. „Anselm und Wiborg, ich habe entschieden, dass ihr heute an der großen Zeremonie der Eingeweihten teilnehmen sollt. Wir haben euch seit langem beobachtet und viele Male unbemerkt geprüft. Ihr habt alle Aufgaben zu unserer größten Zufriedenheit gemeistert. Viele junge Männer durchlaufen diese Prüfungen, aber nur wenige werden auserwählt. Diese Berufung wird von heute an euer ganzes Leben prägen." Hakon schaut noch immer voller Ernst in die Gesichter der jungen Männer, die bei seinen Worten eine leichte Bangigkeit befallen hat.

Als der Höchste Priester fortfährt, umspielt ein aufmunterndes Lächeln seinen scharf geschnittenen Mund. „Nun, das ist sicher ein ernstes Thema, aber kein Grund, um in Ehrfurcht zu erstarren. Ich werde euch gut auf die Aufgaben vorbereiten, die die Götter euch zugedacht haben. Zum Ostermond werde ich euch auf Ragins Hof abholen. Dann werdet ihr mich ein Jahr lang begleiten. Ihr werdet die anderen heiligen Plätze unserer Insel kennen lernen, ihre Geheimnisse ergründen und ihre Kraft spüren. Das wird euch für das stärken, was vor euch liegt. Denkt immer daran, dass es unsere oberste Pflicht ist, das Wissen um diese Geheimnisse zu bewahren. Denn sie sind der Schlüssel zum Verständnis des Göttlichen. Sie geben uns Kraft und erlauben uns und unserem Volk, in Frieden und Gesundheit zu leben." Hakon schaut Anselm und Wiborg noch einen Moment lang schweigend an, dann wendet er sich um und bedeutet Ragin, ihm in seine Hütte zu folgen. Erst als die beiden im Innern des kleinen Häuschens verschwunden sind, lösen Anselm und Wiborg sich aus ihrer Starre. Etwas unsicher schauen sie sich um. Adalwolf hat sich zu den drei anderen Priestern gesellt und ist in eine Unterhaltung vertieft. Bevor die Jungen sich entscheiden können, was sie als nächstes tun sollen, nehmen Hakons braun gewandete Begleiter sie freundlich lächelnd in ihre Mitte und führen sie zu den drei Männern am Feuer.

„Nun setzt euch erst mal hin und esst mit uns", fordert einer ihrer Führer sie auf. Dann stellen sich die Männer einer nach dem anderen vor. Sie heißen Adelar, Elger, Frodewin, Sindolf und Torger und sind Hakons Gefährten. „Wir leben und reisen nun schon seit vielen Jahren mit ihm. Wir kümmern uns um die Ausrüstung, sorgen für Nahrung und bereiten verschiedene Rituale vor“, erklärt Adelar den Neulingen. „Aber im nächsten Sommer wird der erste von uns ausgetauscht, und dann folgt in jedem Sommer ein weiterer. So wollen es unsere Gesetze.“ „Was werdet ihr tun, wenn ihr Hakon verlasst?“ will Anselm wissen. Torger lacht. „Nun, es war eine gute Zeit, die wir an der Seite des Höchsten Priesters verbracht haben. Und eine große Ehre ist es obendrein. Wahrscheinlich wird es am Anfang etwas ungewohnt sein, wieder ein normales Leben zu führen. Aber ich glaube, wir sind auch alle froh, wenn wir wieder mit unseren Familien zusammen leben können.“ Wiborg und Anselm schauen sich erschrocken an. Daran haben sie noch gar nicht gedacht: Wenn sie Hakon folgen, werden auch sie für lange Zeit von ihren Familien getrennt sein – und von Alwina und Erja. Adelar scheint ihre Gedanken zu erraten. „Keine Sorge“, lacht er, „unsere Insel ist nicht allzu groß, und wann immer Hakon sich in der Nähe eurer Familien aufhält, könnt ihr diese sehen. Wahrscheinlich werdet ihr sogar alle gemeinsam für eine Zeitlang bei ihnen Unterschlupf finden. Schließlich sind wir auf unseren Reisen darauf angewiesen, dass uns irgendjemand Obdach gewährt. Außerdem sollt ihr Hakon ja nur für ein Jahr begleiten.“ Adelars Worte beruhigen die Freunde ein wenig – allerdings kommt ihnen ein Jahr, in dem sie ihre künftigen Frauen nur hin und wieder sehen können, durchaus lang vor. Doch dann erzählen die fünf Helfer Hakons von ihren Reisen und Wiborg und Anselm schieben die düsteren Gedanken beiseite.

Nach dem Treffen in Hakons Lager begeben Ragin, Aswin, Birger und Leifr sich mit Anselm, Wiborg und den Stammesoberhäuptern ins Moor, um den Göttern Waffen, Runen, Hausrat und den Kopf von Adalwolfs prächtigem Ochsen als Opfer darzubringen. Ragin hat Anselm einmal erzählt, dass in früheren Zeiten auch Menschen geopfert worden sind – meist waren es gefangene Krieger feindlicher Stämme oder Sklaven. Manchmal sollen sich in Notzeiten aber auch Freiwillige zur Verfügung gestellt, haben, um weiteres Ungemach von ihrer Sippe abzuhalten. Damals konnte Anselm sich nicht vorstellen, dass sich jemand freiwillig im dunklen Moor versenken lässt, und oft hat ihn Ragins Geschichte in seine düstersten Träume verfolgt. Doch nach allem, was er in letzter Zeit über die Götter und das Leben erfahren hat, erscheint ihm der Gedanke nicht mehr so abwegig. Hätte ich die Kraft, mich für mein Volk zu opfern, fragt er sich während des Rituals bange und hofft inständig, dass er niemals vor diese Entscheidung gestellt wird. Nachdem die letzten Gegenstände im zähen Morast versunken sind, kehren die Häuptlinge zum Fuß des heiligen Berges zurück und bereiten mit den Männern ihrer Sippe die rituelle Opferspeise vor, die für die meisten der Anwesenden den Höhepunkt des Ting darstellt.

Der größte Teil der Händler hat sich bereits zurückgezogen, und als sie die Gemeinschaft aus dem Moor zurückkehren sehen, packen auch die Letzten ihre Bündel zusammen und verlassen den Berg. Sie wissen, dass sie hier jetzt nichts mehr zu suchen haben. Die Priester und ihre Schüler begeben sich auf den oberen Platz und beginnen mit den Arbeiten für ihre große Zeremonie. Während Aswin, Birger und Leifr dafür sorgen, dass alle Nichteingeweihten den heiligen

Bezirk verlassen, beginnen Ragin, Anselm und Wiborg damit, den Steinkreis wieder so herzurichten wie am Abend zuvor. Als alle Steine in Position gebracht sind, verteilen Wiborg und Anselm nach Ragins Anweisung rund um den Steinkreis harzgetränkte Fackeln, die sie in die Erde stecken. Mittlerweile haben die letzten Besucher den Platz verlassen; die vier Priester steigen die Treppe hinab und legen auf dem kleinen Podest, das die Treppe in zwei gleich große Abschnitte teilt, Steine frei, die unter Erde und Grassoden verborgen waren. Nachdem das Bildnis sorgsam abgefegt ist, erkennen Wiborg und Anselm ein großes, filigranes Ornament. Unter Adalwolfs Führung haben sich mittlerweile auf dem unteren Platz die Anführer der Sippen versammelt. Sie werden der Zeremonie zunächst von dort aus beiwohnen. Ragins Stimme reißt Wiborg und Anselm aus ihren Beobachtungen. „Der Höchste Priester ist jetzt in der Muschel. Das Ritual beginnt. Als erstes werden wir die Energien der einzelnen Stationen miteinander verbinden."

Anselm und Wiborg folgen den Priestern die Treppe hinauf und stellen sich auf die Plätze, die Ragin ihnen zuweist. Im Rund der Steine bilden nun auch die Männer einen Kreis. Jeder von ihnen hat seine Lanze hinter sich gelegt und sein Messer mit der Spitze zur Kreismitte vor sich. Dann fassen die Sechs sich an den Händen, indem sie ihren Nachbarn zu rechten und zur Linken auslassen und so einen verschlungenen Doppelkreis bilden. Kaum haben sich die letzten Hände gefunden, erhebt sich wie aus dem Nichts ein kräftiger Windstoß. Ein Schwarm Krähen fliegt mit lautem Protest davon. Der Berg scheint sich in einem rasanten Wirbel zu drehen. Anselm und Wiborg wird ganz schwindelig und sie haben alle Mühe, die Hände festzuhalten, um den

Kreis nicht zu unterbrechen. Dann scheint sich der Boden zu öffnen und gleichzeitig werden Anselm und Wiborg nach oben gezogen. Ragin nickt den Männern zu und gibt ihnen damit das Zeichen, den Kreis zu lösen. Sofort kehrt die Welt in ihr Gleichgewicht zurück – und doch haben Wiborg und Anselm das deutliche Gefühl, dass sich etwas verändert hat. Stumm folgen sie den anderen die Treppe hinab. Als sie das Ornament in der Mitte des Abgangs erreichen, greift Wiborg unwillkürlich nach Anselms Arm. Auch der fühlt sich hier nicht ganz sicher auf den Beinen. Hinter sich hören sie Ragin lachen. „Ja, an diesem Ort kommt man schon etwas ins Schwanken, denn hier begegnen sich die Welt der Menschen und die der Götter." Ragin legt den Jungen die Arme um die Schultern und geht mit ihnen weiter hinunter zum unteren Platz, wo sie bereits von den Häuptlingen erwartet werden. Die Männer unterhalten sich in gedämpftem Ton, so dass der Ort von einem beruhigenden Gemurmel erfüllt ist, das jedoch sofort verstummt, als Hakon am oberen Ende der Treppe erscheint. Alle wenden sich dem Höchsten Priester zu, der nun langsam die Treppe hinab schreitet. Als er die letzte Stufe erreicht hat, haben sich alle Anwesenden in einem Halbkreis um ihn versammelt. „Wir werden bald beginnen. Meine Gefährten kümmern sich um die Fackeln und die Feuerstellen. Ihr könnt euch ganz dem Ritual überlassen. Der Ort ist geschützt und abgeschirmt."

Wieder erfüllt Hakons leise Stimme den gesamten Platz. Jetzt wendet sich der Höchste Priester direkt an Anselm und Wiborg. „Die einzelnen Stationen und ihre Wirkung habt ihr ja bereits kennen gelernt. Durch diese Kraftpunkte fließt die Energie der Wandelsterne auf den Berg. Jede strömt an ihren Platz. Wenn der Vollmond sein Licht auf diesen magischen

Ort fluten lässt, können wir das Tor zu den Sternen öffnen. Das ist der Höhepunkt von diesem ganz besonderen Ting. Dazu haben wir die Energien der Wandelsterne miteinander verbunden und ihre Kraft vereinigt. Wenn wir gleich dem Weg dieser Kräfte folgen, werden alle Energien, die ihr in letzter Zeit erfahren habt, zur gleichen Zeit auf euch einstürmen. An dieser Stelle möchte ich Euch kurz in das Geheimnis der Schreibweise des „T-IN-G“ einführen: Das „T steht für den Lebensbaum, unseren Yggdrasil mit einem Stamm und seinen zwei starken Ästen. Diese sind ein wichtiger Hinweis auf unsere Dualität, unsere beiden Teile. So stehen sich stets zwei Anteile gegenüber, wie Tag und Nacht, Mann und Frau oder alle weiteren Dinge. Im „IN“ finden wir unseren Weg oder die Linie vor. Dieses stellt auch ein Programm dar, zum Beispiel nach dem der Baum wachsen kann. Dieses ist wichtig, um das Ziel zu erreichen. Das „G“ ist nun die Verbindung, ein zwischendimensionaler Tunnel wie eine Nabelschnur zwischen zwei Welten; einer inneren und einer äußeren Welt. Nur wer die alten Weisheiten kennt, kann während des TING dieses Portal öffnen und wieder schließen.

Doch wir kennen auch die Bezeichnung „DING“ für eine besondere Art der Versammlung der Dreifaltigkeit. Das „D“ bildet hierbei ein Dreieck, wie eine Pyramide, die hermetisch geschlossen ist. So bleibt das Geheimnis gewahrt. In diesen Versammlungen können wir die obere, die mittlere und die untere Welt verbinden. Menschen verbinden hiermit ihre Wurzel mit ihrer Krone. Die Priester und Priesterinnen entscheiden durch eine höhere Führung die Art der jeweiligen Versammlung. Wir haben diesmal eine ganz spezielle Aufgabe bei unserem TING zu lösen, wovon ich euch aber jetzt noch nichts berichten darf."

Hakon macht eine kleine Pause bevor er fortfährt und schaut die beiden Priesterschüler eindringlich an. „Bei unserem ersten Rundgang suchen wir die Stationen der Reihe nach auf. Dann gehen wir einmal um den Berg und kehren danach unmittelbar zur Mitte des oberen Platzes zurück. Falls euch irgendwann auf diesem Weg ein Gefühl der Unsicherheit überfällt, dürft ihr das Tor heute nicht durchschreiten. Denn wer die Schwelle übertritt, der muss sicher sein, dass er auf dem gleichen Weg wieder zurückkommen kann. Zu eurer eigenen Sicherheit müsst ihr eure Gefühle also genau prüfen." Hakon schaut die beiden Jungen noch einen Augenblick schweigend an und wendet sich dann wieder den anderen zu. „Wir warten noch, bis alle Feuer nachgelegt sind, dann beginnen wir mit dem Ritual." Ragin kommt zu Anselm und Wiborg herüber, denn er ahnt, dass die beiden noch viele Fragen haben. „Wo ist das Tor, von dem der Hohepriester gesprochen hat, Vater?", will Anselm sogleich wissen. „Den innersten Zirkel der heiligen Anlage nennen wir den Kreis der Tiere. Dort ist es möglich, in unmittelbaren Kontakt mit den Göttern zu treten. Normalerweise ist das Tor in diese Welt verschlossen, doch einmal im Jahr, nämlich zur Zeit der großen Zeremonie, stoßen wir es auf und der Höchste Priester durchschreitet es, um den Ratschluss der Götter zu erfahren und an das Volk weiterzugeben. Auf diesem Weg können ihn die Eingeweihten begleiten – vorausgesetzt, sie sind rein und haben ihre Ausbildung vollendet. Denn nur dann kann man die Energie der Wandelsterne und die Schutzwälle der Götter überwinden. Für die, die nicht gut vorbereitet sind, ist es eine gefährliche Reise. Sie können verloren gehen oder zumindest großen Schaden an Körper und Geist erleiden. Wenn ihr euch also unsicher fühlt, verzichtet lieber auf diese letzte Stufe der Einweisung.“ Wiborg und Anselm ist bei diesen Worten ziemlich mulmig geworden. „Woran erkennen wir, ob wir bereit sind?“, will Wiborg wissen. „Ja“, räumt auch Anselm ein, „im Moment bin ich eher verwirrt und verunsichert. Wiborg geht es vermutlich genauso.“ Der nickt seinem Freund erleichtert zu. Er hat schon geglaubt, dass ihm allein bange sei und Anselm dem großen Ereignis völlig gelassen entgegenblickt. Ragin lächelt die beiden zweifelnden Jungen aufmunternd an. „Wenn es soweit ist, wisst ihr es. Vertraut einfach auf euer Gefühl.“

Ragin hat offenbar nicht vor, seinen Rat weiter zu erläutern, und dafür bleibt auch keine Zeit. Schon setzt der Höchste Priester sich in Bewegung, gefolgt von Ragin, Aswin, Birger und Leifr. Dann schließen sich die Häuptlinge an und ganz zum Schluss folgen Anselm und Wiborg der Prozession. Dem Fluss der Kräfte folgend schreiten sie die einzelnen Stationen ab. Dann verlassen sie den heiligen Bezirk, um den Berg einmal zu umrunden. Anselm und Wiborg bemerken voller Staunen, wie deutlich sich der Einfluss der einzelnen Kraftorte in ihrem Innern widerspiegelt. Es gelingt ihnen jedes Mal, das Neue in wenigen Augenblicken in eine Harmonie mit den bereits vorhandenen Kräften zu bringen. Als sie in die Mitte des oberen Platzes zurückkehren und gemeinsam mit den anderen einen Kreis um den Hohepriester bilden, sind all ihre Zweifel verschwunden. Hakon reicht Ragin sein Messer, der es an seine Halskette bindet. Nun wendet der Höchste Priester sein Gesicht nach Norden und hebt die Arme zum Himmel. Die Männer ziehen sich an den

Steinkreis zurück. An jedem Stein steht nun ein Mann; nur die beiden Steine an der Nordseite bleiben unbesetzt. Auf Hakons Zeichen hin gehen alle Männer noch einmal vier Schritte zurück und bilden nun einen äußeren Ring um die Steine. Nachdem auch der Hohepriester den Kreis verlassen hat, nehmen Ragin, Aswin, Birger und Leifr Fackeln auf und zünden von außen die harzgetränkten Haselbündel zwischen den Steinen an, so dass eine Feuerwand emporschießt. Nur die Fläche zwischen den beiden nördlichen Findlingen ist frei – das Tor in die Welt der Götter ist offen. Nachdem sie ihr Werk vollendet haben, begleiten die vier Priester Hakon zu diesem Tor.

Bevor der Hohepriester es durchschreitet, legt er seinen Schmuck auf einen der beiden Steine. Dann ist er hinter der Feuerwand verschwunden. Es dauert eine Weile, bis Anselm die aufrechte Gestalt hinter den lodernden Flammen wieder ausmachen kann. Hakon steht in der Mitte des Kreises und blickt nach Norden. Als er die Arme hebt, kommt es Anselm so vor, als würde sich die schlanke Gestalt im Feuer auflösen. Stattdessen scheint sich in der Mitte des Kreises ein helles Licht auszubreiten, das schließlich den ganzen Platz umfasst und sich sogar in Anselms Innern wieder findet. Es ist, als ob sich die Konturen seines Körpers auflösen und eine Kraft freigeben, die sich mit den Mächten vereint, die nun den Berg beherrschen. In dem gleißenden Licht erkennt er Wesen, die noch heller leuchten als ihre flammende Umgebung und die sich mit ihm austauschen. Ohne Worte, ja nicht mal in Gedanken. Es ist, als ob sie mit seiner Seele verschmelzen und ihr Wissen zu dem seinen wird. Noch niemals hat Anselm sich so sicher und geborgen gefühlt. Seine

Gefährten kann Anselm längst nicht mehr erkennen, aber er ist sicher, dass es ihnen genauso ergeht wie ihm selbst.

Abb. 12: Der Weg über den Berg

Anselm kann nicht alles verstehen und deuten, was die Lichtwesen ihm sagen. Doch das ist nicht wichtig; er weiß, dass er auf dieses Wissen zurückgreifen kann, wenn er es braucht. Es ist tief in seiner Seele verborgen, wie ein kostbarer Schatz, den ihm niemand mehr entreißen kann. Anselm kann später nicht sagen, ob diese Verbindung mit den Göttern nur einen Augenblick währte oder eine Ewigkeit. Irgendwann aber verblasst das Licht und er kann Hakons Gestalt jetzt wieder deutlich ausmachen. Der Hohepriester steht noch immer mit erhobenen Armen in der Mitte des Kreises. Anselm ist ein wenig benommen. Er fühlt sich, als wäre er aus einem tiefen Traum zurückgekehrt. Er schaut nach rechts, wo Wiborg steht, und als ihre Blicke sich treffen weiß er, dass sie beide das Gleiche erlebt und erfahren haben. Glücklich lächeln die jungen Männer einander an. Wiborg war schon immer sein bester Freund, doch dieses gemeinsame Erlebnis wird sie für alle Zeiten aneinander binden. Das ist beiden Jungen klar. Die vier Priester haben sich aus dem Kreis gelöst und die heruntergebrannten Feuer mit Schnee gelöscht. Weißer Dampf erfüllt nun den Platz um den Steinkreis. Als der Nebel sich legt, gehen Ragin, Leifr, Aswin und Birger zu ihrem Höchsten Priester und geleiten ihn zum nördlichen Rand des Ringes, wo er bereits von seinen Gehilfen erwartet wird.

Das Ritual hat Hakon offensichtlich viel Kraft gekostet und er muss sich von der Anstrengung erholen. Ragin, Leifr, Aswin und Birger kehren währenddessen zur Mitte des Kreises zurück und graben die Gegenstände aus, die sie am Abend zuvor dort hinterlegt haben. Anschließend schütten sie das Loch wieder zu und treten die Erde fest. Dann geben sie den Männern, die immer noch an den Plätzen stehen, die sie während des Rituals eingenommen haben, das Signal, die Steine wieder an den Rand des großen Platzes zu tragen. Die vier Priester begeben sich zur Mitte der Treppe und entfernen auch dort die Gegenstände, die sie unter dem ungewöhnlichen Ornament vergraben haben. Dann bedeuten sie Anselm und Wiborg, die Figur wieder mit Erde und Grassoden zu bedecken.

Abb. 13: Ratatöskr

Es dauert nicht lange, bis alle Spuren der Zeremonie beseitigt sind. „Was meinst du, was die Priester unter dieser Figur vergraben haben?“, fragt Anselm Wiborg, während sie das letzte Stück Graswurzel über das Treppen-Ornament legen. „Amulette der Wandelsterne und Runen der Stämme.“ Es ist nicht Wiborg der antwortet, sondern Ragin, der wieder einmal unbemerkt zu seinen Schülern getreten ist. Erschrocken drehen sich die beiden zu ihm um, aber Ragin lächelt sie freundlich an. „Erst durch diese Gegenstände kann die Steinsetzung ihre volle Kraft entfalten. Sie ist zwar auch jetzt wirksam, aber für eine Zeremonie wie die, die ihr eben miterlebt habt, braucht es besonderer Stärke. Und nun beeilt euch. Gleich kommt Hakon aus der Muschel zurück und wird uns mitteilen, was er von den Göttern erfahren hat. Anselm und Wiborg treten Gras und Erde über der nun verborgenen Steinsetzung fest und folgen Ragin dann geschwind die Treppe hinauf. Oben haben sich die Männer bereits in einem Kreis aufgestellt und warten auf ihren Hohepriester.

Als Hakon wenig später aus dem Wald tritt, trägt er einen in weiches Leder gehüllten Gegenstand in seinen angewinkelten Armen vor sich her. Als er die Männer erreicht, wickelt er ein reich verziertes, großes Ritualmesser aus dem Leder und zeigt es der Gemeinschaft. Anselm und Wiborg stehen ein wenig hinter den anderen und können nicht viel erkennen. Aus dem Raunen, das durch die Menge geht, schließen sie jedoch, dass es sich um einen besonderen Gegenstand und ein außergewöhnliches Ereignis handeln muss. Mit ausgestreckten Armen bahnt sich der Hohepriester nun einen Weg durch die Männer und bleibt unmittelbar vor Anselm stehen. Er schaut den Jungen ernst an und reicht ihm das prächtige Messer. „Ich hätte nicht gedacht, dass ich dir so früh begegne, Anselm. Doch der Ratschluss der Götter ist eindeutig: Du bist auserwählt, unser Volk zu führen. Und eines Tages wirst du meine Nachfolge antreten. Auf diese Aufgaben wirst du dich von heute an vorbereiten. Nimm Agimar. Dieses Messer ist keine Auszeichnung und auch keine Ehrung, sondern es gemahnt dich an deine Pflichten und an die Verantwortung, die du nun trägst. Trage es in Demut, dann wird es dir helfen, dein Schicksal zu erfüllen."

Anselm kann nicht fassen, was Hakon da zu ihm sagt. Er soll der Führer seines Volkes sein. Ich bin doch nur ein Junge, der gerade erst angefangen hat, die Geheimnisse der Welt zu entdecken, denkt er erschrocken. Am liebsten würde er das Messer, das der Höchste Priester ihm noch immer entgegen hält, gar nicht annehmen. Doch gleichzeitig spürt er, dass Hakon Recht hat: Es ist sein Schicksal, diese Verantwortung zu übernehmen. Zögernd greift er nach Agimar, dem Symbol seines neuen Lebens. „Mach dir keine Sorgen, Junge. Du wirst genügend Zeit haben, alles, was du wissen musst, zu lernen." Anselm muss sich nicht umdrehen, um zu wissen, dass es Ragin ist, der hinter ihm steht und ihm die beruhigenden Worte zuraunt. Wiborg hat sie ebenfalls gehört und rückt ein wenig näher an seinen Freund heran. Vater wird an meiner Seite sein und Wiborg ebenfalls, geht es Anselm durch den Kopf und das mulmige Gefühl in seinem Magen wird schwächer. Der Hohepriester hat sich zu den anderen Männern umgewandt. „Das Schicksal unserer Gemeinschaft wird in Zukunft vor allem auf Anselms Schultern lasten. Wiborg steht ihm zur Seite. Doch allein werden sie diese Aufgabe nicht erfüllen können. Sie brauchen eure Hilfe. Doch lasst mich zuerst verkünden, was die Nornen mir verheißen haben. Die meisten von euch wissen, dass auf dem Festland schon lange ein blutiger Krieg tobt. Bislang spielt sich das alles weit entfernt von unserer Heimat ab. Aber die dunklen Mächte dringen immer häufiger bis an die Küste unseres Meeres vor und ich fürchte, es ist nur noch eine Frage der Zeit, bis sie auch unsere Insel mit Unheil überziehen. Es ist nicht das erste Mal, dass wir uns gegen Übergriffe feindlicher Stämme verteidigen müssen, aber diese Krieger sind anders. Unsere Götter sind ihnen fremd und sie verstehen die Sprache der Bäume, Pflanzen und Steine ebenso wenig wie die der Wasser- und Moorgeister. Sie wissen nichts über die Kräfte des Himmels und der Erde. Jeder einzelne von ihnen ist klein und schwach, aber sie sind viele und uns daher an Kampfkraft weit überlegen. Deshalb raten die Götter uns, die Weisheit über den Mut zu stellen und unsere Stämme über das Meer nach Norden zu führen. Unsere heiligen Plätze müssen wir sorgfältig verbergen. Nur wenige von uns werden hier bleiben und sie bewachen. Sie werden auch hier sein, wenn wir zu bestimmten Zeiten zurückkehren, um unsere Rituale zu feiern und die Götter an unseren angestammten Heiligtümern zu befragen."

Stumm haben die Häuptlinge den Rat des Hohepriesters vernommen. Als sie die Bedeutung seiner Worte erfassen, geht ein Raunen durch die Menge. Doch Hakon erhebt die Hände und fährt fort, bevor sich eine Diskussion entspinnen kann. „Es wird einige Jahre dauern, bis wir alle Sippen umgesiedelt haben. Doch wir werden gleich nach dieser Zusammenkunft mit den Vorbereitungen beginnen. Beim nächsten Vollmond wollen wir einen Rat der Häuptlinge abhalten und klären, was als nächstes getan werden muss. Nun geht zu euren Leuten und feiert mit ihnen. Die Neuigkeiten könnt ihr ihnen morgen noch mitteilen, bevor ihr euch auf die Heimreise vorbereitet."

Einen Moment lang bleiben die Männer nachdenklich stehen, dann verneigen sie sich vor ihrem Hohepriester und geben ihm damit zu erkennen, dass sie seinen Rat akzeptieren. Hakon scheint nur auf dieses Zeichen gewartet zu haben. Er dreht sich ohne weiteren Gruß um und geht zu seinen Gefährten, die die ganze Zeit am Rand des Platzes auf ihn gewartet haben. Gemeinsam verschwinden sie geräuschlos im Wald. Die Häuptlinge bleiben noch einen Augenblick unschlüssig stehen, dann kommt Adalwolf entschlossen auf Anselm zu und legt seine rechte Hand auf Agimar, dass der versteinerte Junge noch immer in seinen Händen hält. Auch wenn er eine solche Situation noch niemals erlebt hat, weiß Anselm, dass sein Onkel ihm damit Gefolgschaft schwört. Nacheinander tun die anderen Sippenführer es Adalwolf gleich. Schließlich erweisen ihm auch die Priester diese Ehre. Zum Schluss tritt auch Ragin vor seinen Sohn. Zuerst will Anselm seinem Impuls folgen und diese Geste der Demut zurückweisen. Doch ein warnender Blick Ragins belehrt ihn eines Besseren. Wenn Anselm seine Autorität nicht sofort wieder verspielen will, darf von dieser Pflicht niemand ausgenommen werden. Die Männer bleiben noch eine kurze Zeit beisammen, dann folgen sie Hakons Rat und begeben sich an den Fuß des Berges, wo die Sippen schon ungeduldig auf ihre Oberhäupter warten.

Als Anselm, Wiborg und Ragin schließlich auf dem Festplatz eintreffen, hat die rituelle Verspeisung des Opfertieres bereits begonnen. Bald wird auch der Met in Strömen fließen und der religiöse Charakter des Festes weicht einer sehr weltlichen, ausgelassenen Stimmung. Nachdem er in den letzten Stunden ganz von den Ereignissen auf dem Berg gefangen war, kann Anselm nun nur noch an Erja denken. Wie wird sich sein neues Leben auf ihre Pläne auswirken? Erst wenige Stunden sind vergangen, seit er sich auf dem Markt von Erja verabschiedet hat, aber in dieser kurzen Zeit hat seine Welt sich völlig verändert. Ragin spürt die Aufregung und Ungeduld seines Sohnes. „Mach dir keine Sorgen, Anselm. Du trägst jetzt eine große Verantwortung. Aber das Leben hält auch noch schöne Momente für dich bereit. Und bei den Aufgaben, die du bewältigen musst, kannst du eine kluge Frau an deiner Seite gut gebrauchen." Anselm schaut seinen Vater dankbar an. Wie soll er jemals ohne den Rat dieses weisen Mannes auskommen? „Nun lauf schon los und such´ sie. Ihr habt ja jetzt eine Menge zu besprechen." Mit einem sanften Hieb auf die Schulter verabschiedet Ragin seinen Sohn. Dann wendet er sich Wiborg zu. „Und wir beide suchen nach Alwina. Wir haben einiges zu klären, wenn ihr verheiratet sein wollt, bevor Hakon euch zu Ostera abholt. Als er diese Worte hört, strahlt Wiborg seinen künftigen Schwiegervater glücklich an. „Was?", fügt Ragin schmunzelnd hinzu. „Hast du geglaubt, ich warte mit dieser Eheschließung bis du wieder zurück bist und gehe das Risiko ein, dass mein Enkelkind ohne Vater geboren wird?" Diesmal stimmt Wiborg erlöst ins Ragins Lachen ein. „Ich weiß zwar nicht, wie du darauf kommst, dass du so schnell Großvater wirst. Aber wenn das bedeutet, dass Alwina schneller meine Frau wird, bin ich wirklich froh, dass du diesem Irrtum unterlegen bist." Lachend machen sich die Männer auf die Suche nach der Braut.

Anselm und Erja sind zu den Klippen gewandert. Der Vollmond taucht das Meer und den Strand in ein geheimnisvolles kühles Licht. Anselm hat einige Decken und Felle aus der Hütte herbeigeholt, unter denen sie es sich in der kalten Nacht gemütlich gemacht haben. Eng aneinander geschmiegt hat Anselm Erja erzählt, was auf dem Berg geschehen ist. „Ich wusste immer, dass dir ein ganz besonderes Schicksal bestimmt ist." Als sie mit sanftem Lächeln zu ihm aufschaut, schimmern Erjas Augen im fahlen Mondlicht wie reines Silber. „Aber verstehst du denn nicht", seufzt Anselm verzweifelt, „von nun an gibt es für Unbeschwertheit keinen

Platz mehr in meinem Leben. Im Frühling gehe ich für ein ganzes Jahr mit Hakon auf Reisen. Und danach wird mein Leben auch nicht leichter sein. Wir müssen unsere Heimat verlassen und ich soll die Stämme in diese ungewisse Zukunft führen. Ich weiß beim besten Willen nicht, wie ich diese Aufgabe bewältigen soll."

Ohne dass er es beabsichtigt hat, hat sich eine Spur von Verzweiflung in Anselms Stimme gemischt. Erja nimmt seine Hand und küsst sie. „Jetzt mag dir diese Aufgabe noch zu gewaltig erscheinen, Anselm. Aber du wirst an ihr wachsen, und du wirst es schaffen. Ich weiß es. Manchmal wird es schwierig sein, du wirst leiden und Opfer bringen müssen. Manchmal wirst du vielleicht sogar mit deinem Schicksal hadern. Aber du wirst es erfüllen und für uns alle zu einem guten Ende führen. Ich weiß es, weil ich es sehen kann. Genauso wie ich weiß, dass ich immer an deiner Seite sein werde. Bis zum Schluss." Anselm spürt, wie sich bei Erjas Worten ein Knoten in seiner Brust löst und plötzlich ist ihm ganz leicht ums Herz. „Du wirst also auf mich warten? Und du bist bereit, diesen schweren Weg mit mir zu gehen?" Jetzt lacht Erja ihn an und legt ihren Kopf an seine Brust. „Aber natürlich bin ich bereit, auf dich zu warten. Zur Not sogar bis in alle Ewigkeit. Was hast du denn gedacht, du Dummer?" Glücklich drückt Anselm Erja an sich. Jetzt ist auch er sicher, dass er sein Schicksal annehmen kann. Denn was immer es für ihn bereithält, er begegnet ihm nicht allein.

Personenregister

Anselm	„ans“ = Gott; „helm“ = Helm
Ragin	„der hervorragende Ratgeber“ Anselms Vater, Heiler und Priester
Godelief	„die von Gott Geliebte“ Anselms Mutter
Alwina	„Freundin der Elfen“ Anselms ältere Schwester
Lynn	„kleiner Wasserfall“ Anselms jüngere Schwester
Sonnwinni	„Freund der Sonne“ Anselms neugeborener Bruder
Ulof	„Zäh wie ein Wolf“ Ragins verschollener Vater
Ingrun	„die Geheimnisvolle“ Godeliefs Mutter, große Heilerin und Zauberin

SIPPE 1: Süden

Hadamar „berühmter Kämpfer"
Oberhaupt der Sippe und Freund Ragins

Erja „die frei Geborene"
Hadamars Tochter, in Anselm verliebt

Wiborg „schützende Krieger"
Anselms bester Freund und Alwinas künftiger Ehemann

Runa „Geheimnis und Kampf"
Wiborgs Mutter

Helmbot „der entschlossene Beschützer"
Godeliefs Bruder und Stellvertreter Hadamars

Wibke „die prächtige Kämpferin"
Helmbots Frau

Huberaht „der im Denken Glänzende"

SIPPE 2: Osten

Adalwolf „edler Wolf"
Oberhaupt der Sippe
Wiborgs Onkel und Ragins Stellvertreter

Gefion „die Gebende"
Adalwolfs Frau

SIPPE 3: Norden

Modorok	„der mutig die Stimme erhebt" Oberhaupt der Sippe

SIPPE 4: Westen

Degenar	„Heldischer Aar" Oberhaupt der Sippe
Ansruna	„Ase und Geheimnis Degenars Frau und Ragins Schwester

Priester und Schamanen

Hakon	„der Hegende" Höchster Priester der Insel
Ragin	siehe oben
Aswin	„der aus der Esche stammt"
Birger	„Bergwolf"
Leifr	„Erbe, Hinterlassenschaft"

Hakons Helfer

Adelar	„vornehmer Adler"
Elger	„vornehmer Speer"
Frodewin	„kluger Freund"

Sindolf	„der auf der Reise Glänzende“
Torger	„Thors Speer“

Weitere Personen

Nordger	„der Speerkämpfer des Nordens“ Fischer, lebt in der Nähe des Heiligen Berges
Kaija	„Kriegerin“ Nordgers Frau
Birk	„kühner Beschützer“ Kommt vom Festland und wird von Adalwolfs Sippe aufgenommen
Gerda	„Beschützerin“ Birks Frau

Nachwort

Liebe Leserinnen, liebe Leser,

wir verlassen jetzt wieder die Zeit der Germanen und machen einen Sprung zurück in die Gegenwart. Ob wir die „alte Zeit“ damit wirklich hinter uns lassen, muss allerdings jeder aufgrund seiner eigenen Wahrnehmung für sich selbst entscheiden. Vergesst jedoch dabei nicht, dass die Germanen unsere Wurzeln bilden, und ein Volk, das seine Wurzeln nicht kennt, kann nicht in eine neue Zeit hineinwachsen. Das ist gerade jetzt im Wandel zu einem höheren Bewusstsein von größter Wichtigkeit.

Im Roman ist die Rede von einem Kraft-Ort – einem Ort der Energien von Mutter Erde, die ganz bestimmte Gefühle in uns wachrufen können. Was würden Sie sagen, wenn es diesen Ort tatsächlich gibt? Wenn Sie seine Kraft erfahren könnten? Nun, versuchen Sie es! Geben Sie dem Mythos der Vergangenheit einen Platz in Ihrer Wirklichkeit. Denn Wirklichkeit ist der Raum, in dem Sie wirken können. In dem Sie etwas „be-wirken“ können. Und dieser Raum ist der Friedensberg, ein Ort der Erholung für Körper, Seele und Geist im Ostseebad Sellin auf Rügen. Er ist eine mit Rotbuchen bewachsene Anhöhe gegenüber der Kurverwaltung in der Warmbadstraße, im Zentrum von Sellin.

Im Zeitraum von 2012 bis 2014 wurde dieser Ort mit Hilfe von Fördermittel aus der regionalen Wirtschaftsstruktur in Verbindung mit Mitteln des „Europäischen Landwirtschaftsfonds für die Entwicklung des ländlichen Raumes“ (ELER) zum „Kurpark Sellin“ ausgebaut. Das gesamte Kurpark-Areal ist kostenfrei für jeden Besucher nutzbar. Zahlreiche Hinweistafeln ermöglichen es, die im Roman beschriebenen Orte wieder zu finden.

Ein wichtiges Ereignis möchten wir Ihnen nicht vorenthalten, welches einen wissenschaftlichen Nachweis für unsere Geschichte liefert: Im Jahre 2010 wurde ein Bebauungsplan-Gebiet in Sellin Süd eröffnet; etwa einen Kilometer vom Friedensberg entfernt. Nach dem Genehmigungsverfahren begannen 2012 die ersten Erschließungsarbeiten. Während dieser Bauarbeiten stieß man im ehemaligen Waldgebiet auf eine germanische Grabanlage. Sofort wurde das Landesamt für Kultur und Denkmalpflege Mecklenburg-Vorpommern, Abteilung Landesarchäologie informiert. Bis Mitte 2012 wurde dann die gesamte Grabanlage der Urnengräber – eine überaus großräumige Grabanlage - frei gelegt und vermessen. Heute ist der gesamte Bereich des Urnenfriedhofs bereits überbaut. Auch wenn die Auswertungen noch nicht abgeschlossen sind, lässt sich zur Datierung schon sagen, dass die Befunde ziemlich sicher aus der mittleren und jüngeren vorrömischen Eisenzeit stammen, also etwa aus der Zeit von 400 bis 100 v. Chr. Ob sich anhand der Befunde auf der Grabungsfläche überhaupt eine Einschätzung zur Zahl der Familien und zur Größe der Siedlung geben lässt, ist dagegen noch offen. Die Zugehörigkeit zu bestimmten Stämmen lässt sich mit archäologischen Mitteln in der Regel überhaupt nicht ermitteln, zumal für diese frühe Zeit leider keine Stammesnamen überliefert sind. **Es ist aber damit die Entstehung der in unserem Roman beschriebenen Besiedelung nachgewiesen.**

Daher stellt sich vielleicht für den Einen oder Anderen die Frage: „Kann ich denn heute diesen Mythos wirklich noch nutzen?“ Diese Frage ist mit einem klaren „Ja“ zu beantworten, denn dieses „alte Wissen“ ist uns vom Ort selbst gegeben worden. Es sollte daher auch mit Respekt zu den dort lebenden Naturwesen genutzt werden, denn: Diese Wesen werten nicht wie wir. Sie handeln nach dem Gesetz von Ursache und Wirkung, im Sinne der großen Mutter – der Mutter Natur, und jeder wird sich selbst der Richter sein.

Dieser Ort ist ein Lebewesen. Er ist gleichzeitig das Abbild eines Menschen, einer Menschengruppe und der ganzen Menschheit; er spiegelt das Universum. Wir empfehlen Ihnen deshalb diesen Ort wie jedes andere Heiligtum zu betreten. Wie man das macht? Nun, in Andacht und Stille. Das ist alles.

Machen Sie sich also auf diese Reise und begegnen Sie dem Berg auf Ihre eigene, einzigartige Weise. Denn die Gedanken und Gefühle, die er in Ihnen wachruft, lassen sich nicht mit dem vergleichen, was andere an diesem Ort erlebt und erfahren haben. Treten Sie in Verbindung zu einer Kraft, die so alt ist wie das Universum selbst.

Und noch etwas: Kurze Zeit nach den wissenschaftlichen geomantischen Messungen am Friedensberg ist uns eine Technik gegeben worden, die es erlaubt, ein Gespräch mit der eigenen Seele zu führen. Wir nennen es die „**Geführte Selbstdiagnose mit Hilfe eines Kraftortes – die Momentaufnahme der Seele**“. Es ist eine Reise durchs eigene Ich. Um in diese Verbindung zu uns selbst zu treten, wenden wir einen Trick an: Wir verraten unserem „inneren Kontrolleur“ nicht, was ihn auf dem Berg erwartet. Das hilft dabei, sich völlig unvoreingenommen dem hinzugeben, was in unserem eigenen Innern auf uns wartet. Durch geschickte Fragestellung kommen wir dann gemeinsam an Informationen aus unserer tiefsten Seele heran und können diese auf Grundlage unserer Gefühle überprüfen. Mit dieser Methode haben wir in den letzten 25 Jahren sehr gute Erfahrungen gemacht. Die Erlebnisse und Eindrücke von Menschen, die sich auf diese Reise begeben haben wir in einem besonderen Gästebuch zusammengefasst.

Im Laufe der Jahre unserer Nutzung wurde der Berg von vielen Menschen mit übernatürlichen Fähigkeiten aufgesucht. Darunter waren Indigo-Kinder, Heiler, Hellsichtige, Geomanten, Parapsychologen und namhafte Autoren. Ein ganz besonderer Dank gilt hierbei den Lebensberatern Hans und Petra Seedorf, die uns wichtige Erkenntnisse für die Zuordnung der Landschaftsenergien zu bestimmten Körperteilen lehrten.

Falls auch Sie inspiriert sind oder Ihre Seele Ihnen rät, diese Reise zu machen, dann können Sie sich zu einer Führung anmelden; entweder über das Internet oder telefonisch unter: **038301-259 oder 0173-9711873**

Falls Sie sich lieber alleine auf Entdeckungstour begeben wollen, bieten wir Ihnen eine Kurzanleitung mit Lageplan und einer Auflistung Ihrer Möglichkeiten auf dem Berg für 2,00 € an. Diese kleine Broschüre erhalten Sie über unsere Webseite oder an der Kurverwaltung Sellin.

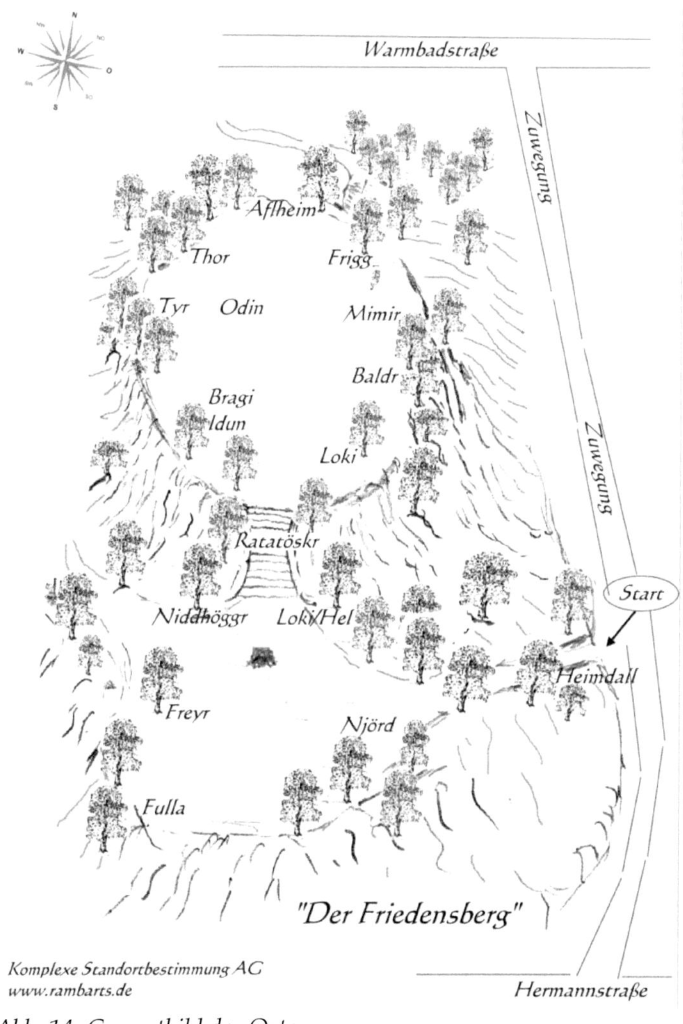

Abb. 14: Gesamtbild des Ortes

Dr. Ralf Marius Bittner

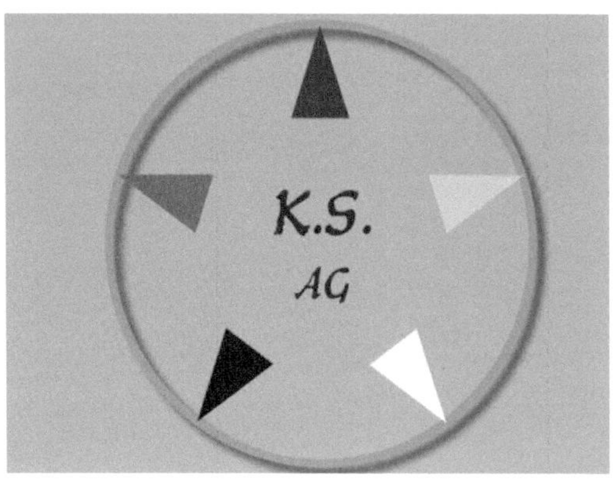

Der Friedensberg im Kurpark vom Ostseebad Sellin

Komplexe Standortbestimmung AG
Dr. Ralf Marius Bittner Arbeitsgemeinschaft
Berger Str. 14, 18581 Putbus
Telefon: 038301-259 Mobil: 0173-9711873
www.rambarts.de

Meine Führungen:

Für Diejenigen, denen das Feinstoffliche oder die Spiritualität noch zu fremd sind, bieten wir wissenschaftlich fundierte Führungen auf dem Friedensberg an. Ob als Gruppe oder Einzelperson kann ich Ihnen zu Ihrem nachhaltigen Kontakt mit der Natur und Ihrer Seele verhelfen. Erlebtes Wissen bildet die Grundlage meiner persönlichen Führungen.

Ein weiterer Höhepunkt ist die Kommunikation mit unseren Bäumen. Lassen Sie sich überraschen. Das hier erlernte können Sie überall auf der Welt im weiteren Leben anwenden oder weiter geben.

Vereinbaren Sie einen Termin. Näheres erfahren Sie auf meiner Webseite:

www.rambarts.de

oder per Mail

rambarts@rambarts.de.

ABBILDUNGEN

Dr. Ralf Marius Bittner

Freimaurer & Templer

ZU PUTBUS AUF RÜGEN

Geheime Zeichen des Weltgeschehens

ISBN 978-3-938656-16-7, Paperback;
32 Abbildungen; 145 Seiten; **€ 9,80**

Der vorliegende Roman beschreibt erstmalig die Zusammenhänge des Weltgeschehens nach dem Mittelalter mit dem Aufbau der Stadt Putbus auf der Insel Rügen. Namhafte Persönlichkeiten und Künstler bilden den Rahmen für diese spannende Heldenreise von Wilhelm Malte I., Fürst und Herr zu Putbus. Er war gewiss in die Geheimnisse der Freimaurer und der Ritterorden eingeweiht. Zudem hatte er einen ganz besonderen Bezug zur Natur und ihren Kräften. Dieses Bewusstsein war der Grundstein für das Aussehen der ehemaligen Residenzstadt. Zur Zeit des 19. Jahrhunderts gehörte fast jede Persönlichkeit einem Geheimbund oder Zirkel an, ob nun als Freimaurer, Ritter, Rosenkreuzer, Illuminat oder Theosoph.
Dieser Roman zeigt nun anhand eines kleinen Ausschnitts aus dem Leben des Fürsten die Denkweise der damaligen Adligen, Künstler und Gelehrten und bringt das eine oder andere Geheimnis ihrer Mysterienschulen ans Tageslicht – zu erkennen und zu erleben im Stadtbild von Putbus mitsamt seinem Landschaftstempel als Jahrtausende alten Kraftort.

Weitere Angebote für den Kraftort Putbus und den Friedensberg in Sellin

Auch wenn die beiden Kraftorte kostenfrei betreten werden können, so ist es nicht immer jedem möglich, seinen Zugang zu den Inneren Welten zu öffnen und den Nutzen für sich zu finden. Wir haben das leider verlernt. Um diesem alten Wissen wieder auf die Sprünge zu helfen, biete ich ganz persönliche Führungen an. Ob alleine oder in einer Gruppe:

- Starten Sie Ihre eigene „Heldenreise“
- Seien Sie neugierig
- Erkennen Sie Ihre eigene Wahrheit
- Wissenschaft bei der geistig spirituellen Entwicklung
- Klarheit der Betrachtungsweise
- Bekannte Energiefelder und Frequenzmuster der Erde
- Ein Weg zu mehr Lebensfreude

Bei meinen Führungen geht es nicht um die esoterische Blümchentapete. Ich stehe zu meinem wissenschaftlichen Weg! Die Grundlage bilden hierbei die angewandten Wissenschaften der Geophysik und der Geomantie.

Die Erde bildet bestimmte Frequenzmuster, die von Platz zu Platz variieren und mal stärker und mal schwächer sind. Ich nutze ganz bestimmte Punkte, die auf beiden Kraftorten vermessen wurden und deren Wirkung mir bekannt ist. Das Schwingungsfeld ist so intensiv, dass wir es wahrnehmen und für unsere geistige Entwicklung nutzen können.

Mutter Erde ist hierbei die einzig „Handelnde". **Ich bin nur der Begleiter, der Übersetzer der Seelensprache**.
Auf meiner Führung geht es alleine um den jetzigen Moment! Was ist jetzt los? Was ist jetzt dran in Ihrem Leben? . . . Alles andere kriegen wir später.

Ich biete Ihnen hierzu zwei ganz besondere Kraft-Orte Rügens an, die wir umfangreich geomantisch vermessen haben. Der **Friedensberg in Sellin** und der **Englische Landschaftspark zu Putbus**. Beide Orte ermöglichen Ihnen eine Reise in Ihr Inneres.
Beim Friedensberg geht es dabei mehr um Ihre Wahrheit, um das Gesetz von Ursache und Wirkung.
Im Englischen Landschaftspark und der Stadt Putbus führt uns der Weg an verschiedensten Erkenntnissen entlang zum Ort der Vergebung.

Welche Reise zieht Sie mehr an?

Komplexe Standortbestimmung A.G.
Dr. Ralf Marius Bittner
Mail: rambarts@rambarts.de
Tel.: 0173 – 9711873
Web: www.rambarts.de

Orte der Kraft
Anleitung zur Selbst-Nutzung
Der Friedensberg

Orte der Kraft
Anleitung zur Selbst-Nutzung
Schlosspark Putbus

Auf der Insel Rügen gibt es für die beiden Kraftorte „Der Friedensberg“ in Sellin und „Der Schlosspark“ in Putbus eine Anleitung zur Selbstnutzung, eine Art „Betriebsanleitung“ für 2,- € pro Heft.
Auf einem farbigen Faltblatt werden die einzelnen Stationen der Parks beschrieben.
Zudem werden die wichtigsten 3 Möglichkeiten einer Selbst-Diagnose kurz erläutert. So kann jeder Besucher ohne Vorkenntnisse mit diesen Kraftorten arbeiten. Erleben Sie Ihre eigene Wahrheit – und nutzen Sie die Kräfte der Natur.

Die beiden Energieführer gibt es jeweils an der Kurverwaltung des Ortes zu kaufen.
Zusätzlich können Sie die Hefte in Verbindung mit einem meiner beiden Romane auch im Internet oder per e-Mail bestellen.